BITCOINS VERWAHREN UND VERERBEN

EIN PRAKTISCHER RATGEBER

MARC STEINER

Lektorat: Dmitrij Gawrisch
Korrektorat: Tanja Giese
Buchgestaltung: Boris Gassmann & Fabian Widmer
Druck und Bindung: CPI books GmbH, Leck
Verlag: Aprycot Media – Held & Troendle GbR – Muldenweg 8, 79618 Rheinfelden
www.aprycot.media / Twitter: @aprycotmedia
1. Auflage 2020
ISBN: 978-3-9821095-7-2 (Print)
ISBN: 978-3-9821095-8-9 (ePub)

www.marcsteiner.tech

Für meine Töchter Ava und Ivy

Inhalt

Dank

Allein hätte ich dieses Buch niemals schreiben können. Ich möchte meiner Frau Angela für die vielen Ideen und Diskussionen danken und dafür, dass sie mir den Rücken gestärkt und Freiraum zum Schreiben gelassen hat. Claudia Fekete und Dennis Nagpal danke ich für ihre Geduld bei der Überarbeitung der allerersten, noch sehr chaotischen Manuskriptfassung. Mein Vater hat wichtige Fragen gestellt und sich nicht mit halben Antworten zufriedengegeben – vielen Dank dafür sowie für die enorme Mithilfe beim Stichwortverzeichnis. Meine Mutter und Schwester gaben mir wertvolle Inputs und wurden nie müde, mit mir zu diskutieren. Dominik Spicher und Raphael Baumann halfen mir technisch und juristisch weiter. Vielen Dank an Lucas Betschart, «Hoewe», Thomas Lobeck und «Alex» für die anregenden Gespräche. Jonas Schnelli danke ich für sein Vorwort, Pascal Hügli für seine wertvollen Hinweise rund ums Schreiben eines Sachbuchs.

Meinem Sparringspartner Dmitrij Gawrisch danke ich für das hervorragende Lektorat, Boris Gassmann und Fabian Widmer für die tolle Gestaltung und Tanja Giese für das Ausbessern auch der kleinsten Fehler. Für ihr Vertrauen und die unkomplizierte Zusammenarbeit danke ich meinen beiden Verlegern von Aprycot Media, Stefan Held und Fabio Troendle. Dafür, dass er den Bitcoin erschaffen hat, danke ich Satoshi Nakamoto. Gewidmet habe ich diesen praktischen Ratgeber rund um die Verwahrung und Vererbung von Bitcoins meinen beiden Töchtern. Ihr seid mitten im Hype um die Kryptowährung geboren. Dank euch habe ich gelernt, früh aufzustehen und die Zeit effizienter zu nutzen, zum Beispiel um an diesem Buch zu schreiben. Ihr habt mich daran erinnert, mit welcher Freude Kinder Neues ausprobieren und entdecken – und wie sehr es sich lohnt, diese Freude und Leidenschaft auch im Erwachsenenalter beizubehalten. Ich liebe euch über alles, ihr seid meine Inspiration. Euch gehört die Zukunft.

Vorwort von Jonas Schnelli

Wie einst das Internet ist der Bitcoin gerade dabei, die (Finanz-)Welt zu revolutionieren. Mithilfe dieser ersten, ältesten und mit Abstand meistverwendeten Kryptowährung können große Vermögenswerte innerhalb von Minuten übertragen werden – ohne Mittelsmann, zensurresistent, fast gebührenfrei, weltweit. Die kryptografischen Schlüssel, die den Zugriff auf die Bitcoins ermöglichen, können kopiert und an verschiedenen Orten sicher aufbewahrt werden, und wo die Schlüssel sind, da sind immer auch die Bitcoins. Mittels mehrfacher Signaturen lassen sich die Vermögenswerte sogar verteilt sichern, ein kryptografiegestütztes Mehr-Augen-Prinzip. Und das ist noch lange nicht alles. Der Bitcoin bietet bahnbrechende Möglichkeiten der selbständigen Vermögensverwaltung. Nicht umsonst heißt es in der Szene: Nur wer seine Bitcoins selber verwaltet, besitzt Bitcoins.

Doch mit dem Potential steigen bekanntlich auch die Risiken. Wer «seine eigene Bank» betreibt, muss strenge Sicherheitsvorkehrungen treffen – und bisweilen auch seine Denk- und Verhaltensmuster hinterfragen und anpassen. Nicht anders als das beim Einzug des Internets, dieses anderen «Game Changers», der Fall war. Immer wieder verschwinden kleine und große Summen auf Nimmerwiedersehen im Datennirwana, weil Nutzer ihre Passwörter vergessen oder ihre digitalen Schlüssel verlieren. Wer mit Bitcoins handelt, muss lernen, seine Zugangsdaten sicher zu verwahren. Es besteht kein Zweifel: Obwohl der Bitcoin noch ein relativ junges Phänomen ist, ist er gekommen, um zu bleiben. Je verbreiteter die Kryptowährung wird, je mehr Menschen mit ihr Handel treiben, desto relevanter wird auch die Frage, wie man sein kryptografisches Vermögen sicher an die nächste Generation vererbt. Dieses Buch gibt darauf praxisnahe Antworten. Lesen Sie es! Es wirft ein Licht auf einen Aspekt der neuen Technologie, der viel zu lange unbeachtet im Dunkeln geblieben ist.

Jonas Schnelli ist Bitcoin Core Developer und Maintainer

HODL

KAPITEL

1

SORGE RECHTZEITIG VOR

Hier erfährst du, warum jeder Mensch, der Bitcoins besitzt, unbedingt einen Nachlassplan für deren Vererbung erstellen sollte. Du lernst, wie dieser praktische Ratgeber aufgebaut ist, wie du ihn benutzt und wo du ergänzende Informationen findest. Zudem stelle ich mein kostenloses Hilfstool vor, das dir bei deiner ganz persönlichen Nachlassplanung noch gute Dienste leisten wird.

Verliere keine Zeit

Vererbung ist ein Thema, das viele Menschen vor allem im jungen Alter allzu gern auf die lange Bank schieben. Ich bin da keine Ausnahme. Wer will sich schließlich schon vorzeitig mit seinem Ende befassen, den denkbaren Folgen eines Autounfalls oder einer schweren Erkrankung wie etwa Demenz ins Auge blicken? Obwohl die Angst absolut verständlich ist, sollte sie dich, lieber Leser, aber nicht davon abhalten, genau das zu tun. Sorge, solange du dich eines klaren Verstandes und bester Gesundheit erfreust, für den Fall der Fälle vor. Vielleicht besitzt du ein Haus oder ein Auto, Aktien oder Gemälde, höchstwahrscheinlich lautet mindestens ein Bankkonto auf deinen Namen. Mit all diesen «analogen» Vermögenswerten bist du vertraut und weißt, wie du sie vererben kannst oder wer dir dabei hilft.

Aber weißt du auch, was mit deinen Bitcoins passiert, wenn es dich eines Tages nicht mehr geben sollte? So viel sei hier bereits verraten: Bei der Kryptowährung ist das ohnehin alles andere als triviale Vererbungsunterfangen noch einmal deutlich komplizierter. Der Bitcoin hat das Geld aus den Fängen des traditionellen zentralistischen Finanzsystems befreit und dich zum alleinigen Herren darüber gemacht. Das ist die gute Nachricht. Die schlechte: Um die Verwahrung und Vererbung dieses Vermögenspostens musst du dich nun ganz allein kümmern, es gibt keine Helpline, die du oder deine Erben anrufen könnten. Die «Null-Fehler-Toleranz», die in der kryptografischen Bitcoinwelt üblich ist, macht die Sache nicht einfacher. Man liest immer wieder von Missgeschicken, die selbst technisch versierten Profis passieren. So kommt es zum Beispiel regelmäßig vor, dass Nutzer ihre Coins an eine falsche Adresse schicken. Getätigte Transaktionen lassen sich in den seltensten Fällen noch abfangen. Sind sie einmal in der Blockchain bestätigt, ist der Zug in der Regel abgefahren.

Das wäre höchstwahrscheinlich auch der Fall, wenn dir etwas zustoßen sollte, bevor du dich um dein Bitcoinerbe gekümmert hast. Kommt hinzu: Für deine Erben ist der Bitcoin vermutlich Neuland. Deshalb solltest du ihnen nicht nur rechtzeitig die Zugangsdaten zu deinem Kryptogeld übergeben, sondern einen kompletten Nachlassplan, der ihnen Schritt für Schritt erklärt, was sie tun müssen, um an dein Erbe heranzukommen. Dabei ist jederzeit Vorsicht geboten: Lässt du den Nachlassplan oder gar deine Zugangsdaten offen herumliegen, machst du es Angreifern allzu leicht, dein Konto leerzuräumen. Versteckst du die Zugänge aber so, dass die Erben sie nicht finden, oder regelst deinen Nachlass nicht rechtzeitig, sind deine kostbaren Bitcoins für immer weg. Verliere deshalb keine Zeit und sorge möglichst bald für den Fall der Fälle vor. Sonst könnte alles, was du zu Lebzeiten erreicht hast, für die Katz gewesen sein.

Mein Buch richtet sich an alle, die Bitcoins bereits besitzen, sie sicher verwahren und eines Tages vererben möchten. Egal ob du Einsteiger bist oder fortgeschrittener Anwender, im Laufe der Lektüre kriegst du praktische Tipps, wie du mit einfachen Mitteln einen auf dich und deine individuellen Bedürfnisse zugeschnittenen Nachlassplan erstellen und sicher verwahren kannst. Du findest kompakte Anleitungen zu möglichen Vererbungsabläufen und lernst, selbst vor unkonventionellen Methoden nicht zurückzuscheuen. Als Inspirationsquelle und Nachschlagewerk in einem soll dir mein praktischer Ratgeber helfen, an Dinge zu denken, die du selbst vielleicht nicht bedacht hättest.

Besitzt du neben dem Bitcoin noch andere Coins oder Tokens? Auf die Vielfalt der Kryptos gehe ich als überzeugter Bitcoiner nur am Rande ein, deren Vererbung aber läuft nach den gleichen Prinzipien ab, wie ich sie hier beschreibe. Die Aussagen und Instrumente dieses Buches kannst du somit auch auf andere Krypto-Assets anwenden. Die Technologie in diesem Bereich entwickelt sich rasend schnell. Ich versuche, mein Buch so informativ und aktuell wie möglich zu halten und dir eine gute Mischung zwischen konkreter Technik und langfristigen Grundsätzen zu vermitteln. Aus Gründen der Lesbarkeit verwende ich die männliche Form, alle anderen Geschlechter, Identitäten und Zugehörigkeiten sind aber selbstverständlich mitgemeint.

Das erwartet dich

Dieser praktische Ratgeber ist in sieben übersichtliche Kapitel gegliedert. Nach den einleitenden Bemerkungen erfährst du in Kapitel 2 «*Du brauchst einen Nachlassplan*» , welche Fehler bei der Vererbung von Bitcoins passieren können. In Kapitel 3 «*Die Revolution von Satoshi Nakamoto*» skizziere ich die wichtigsten Prinzipien und Konzepte rund um Kryptografie und Blockchain. Das Kapitel 4 «*Wallets kennen und verstehen*» beschreibt die vielfältigen Möglichkeiten der Verwahrung von Bitcoins. Wie funktionieren Wallets? Welche Arten gibt es? Du bekommst eine Gesamtübersicht, um die für dich optimale Lösung zu finden. Wie du deine IT-Systeme vor Hackern schützen kannst, erfährst du in Kapitel 5 «*Mache deine IT sicher*». Ans Eingemachte geht es in Kapitel 6 «*Setze deinen Nachlassplan um*». Hier lernst du nicht nur, wie du deinen persönlichen Nachlassplan aufschreibst, sondern auch, wie du ihn sicher verwahrst und deine Erben informierst. Übersichtliche Anleitungen zu denkbaren Vererbungsabläufen findest du schließlich in Kapitel 7 «*Musterabläufe*». Zum Schluss richte ich noch einige Worte «*An die Erben*» und gebe ihnen kompakte Hinweise, wie sie mit deinem Nachlassplan verfahren sollten. Lege dieses Buch also deinem Nachlassplan bei, wenn du deine Erben noch besser informieren möchtest.

Für Geeks und Updates

Im Laufe der Lektüre stößt du regelmäßig auf die grafisch hervorgehobene Rubrik «Für Geeks». Darin gebe ich weiterführende Informationen oder vertiefe technische Erklärungen. Dein Nachlassplan wird keinen Nachteil erleiden, wenn du sie überspringst. Zudem findest du am Ende jedes Kapitels einen QR-Code, den du mit dem Smartphone scannen kannst. Du wirst dann auf speziell für dieses Buch angelegte Webseiten geleitet, auf denen du Ergänzungen oder Updates zum jeweiligen Kapitel findest. So bleibt dieser Ratgeber immer aktuell.

Mein Hilfstool

Um es vorwegzunehmen: Einen Nachlassplan zu erstellen, ist aufwendig, je nach persönlicher Präferenz sogar sehr. Schnell einen Zettel mit allen relevanten Passwörtern in der Wohnung zu verstecken, ist definitiv keine gute Idee. Auch sind die zumeist plakativen Tipps aus Internetforen und Chatgruppen keine wirkliche Hilfe. Zudem kosten manche Lösungen Geld: Hardware-Wallets zum Beispiel, von denen in Kapitel 4 ausführlich die Rede sein wird, gibt es nicht umsonst. Auch solltest du deinen Plan in regelmäßigen Abständen auf Aktualität überprüfen, vor allem dann, wenn du neue Assets kaufst oder neue Wallets einsetzt. Du siehst, du musst dich mit der Thematik beschäftigen – ohne ein bisschen Einsatz geht es nicht. Um dir zu helfen, habe ich zusammen mit diesem Buch ein Tool entwickelt, das ich dir auf meiner Website kostenlos zur Verfügung stelle. Es soll dir möglichst viel Schreibarbeit abnehmen und dich Schritt für Schritt auf deinem Weg zu einem funktionierenden Nachlassplan begleiten.

Ich habe mein Hilfstool so gestaltet, dass es einen Rahmen mit vorgefertigten Textbausteinen und Leerfeldern produziert, damit du keine relevante Information vergisst. Falls du bereits einen Nachlassplan erstellt hast, wirst du vermutlich staunen, wie viele wichtige Dinge du nicht bedacht hast. Abhängig von den Antworten, die du ins Tool eingibst, werden die für deine persönliche Situation wichtigen Informationen automatisch generiert. Die dabei entstehende Datei kannst du speichern, ausdrucken und nachträglich anpassen, ohne sensible Daten online eingeben zu müssen. Die kritischen Informationen wie Passwörter und Zugangs-PINs kannst – und musst – du schließlich von Hand eintragen. Das Tool findest du unter:

https://marcsteiner.tech/bitcoin-nachlass-tool

Auf einen Blick

- In der Bitcoinwelt gilt die «Null-Fehler-Toleranz»: Wenn du eine falsche Transaktion tätigst, lässt sie sich nicht mehr rückgängig machen.
- Regle deinen Nachlass, sonst sind deine Bitcoins für immer verloren.
- Einen verlässlichen Nachlassplan zu erstellen, bedeutet Aufwand.
- Mein Hilfstool nimmt dir viel von dieser Arbeit ab.
- Die Aussagen und Techniken dieses Buches helfen dir, sowohl deine Bitcoins als auch andere Kryptowährungen zu vererben.
- Scanne jeweils den QR-Code am Ende eines Kapitels, um Updates und Ergänzungen zu erhalten.

Mehr über digitalen Nachlass und Bücherempfehlungen.

KAPITEL

2

DU BRAUCHST EINEN NACHLASSPLAN

Stell dir vor, du stirbst, hast einen schweren Unfall, fällst ins Koma oder wirst dement. Glaubst du, dass deine Erben in dieser schmerzlichen Zeit fähig sein werden, sich in die komplexe Welt des Bitcoins einzulesen? Deshalb ist es deine Aufgabe, deinen Angehörigen zu helfen, indem du jetzt einen übersichtlichen und vollständigen Nachlassplan für deine Bitcoins erstellst.

Es lohnt sich immer

Besitzt du genug Bitcoins, damit sich ein Nachlassplan für dich lohnt? Wann macht ein Nachlassplan überhaupt Sinn? Die Antwort ist kurz: immer. Wenn du meinst, dass du zu wenige Assets hast, um den ganzen mit der Vererbung verbundenen Aufwand zu betreiben, machst du einen gefährlichen und mitunter teuren Denkfehler. Erinnerst du dich, welche Höchststände der Kurs des Bitcoins in den letzten Jahren erreichte? Auch Laszlo Hanyecz hat das Potenzial der Kryptowährung unterschätzt. Am 22. Mai 2010, dem inzwischen legendären «Bitcoin Pizza Day», bezahlte der Bitcoinpionier für zwei Pizzen 10 000 Bitcoins. Der Gegenwert der Transaktion ein Jahrzehnt später, im Sommer 2020: rund 90 Millionen US-Dollar.

Vielleicht legen auch deine Bitcoins über die Zeit massiv an Wert zu. Wäre es da nicht schade, wenn sie irgendwo ungenutzt vor sich hinschlummern? Im dümmsten Fall weiß niemand, dass du Krypto-Assets besitzt – dann sind sie bei deinem Ableben sogar für immer weg. Es ist kein Zufall, dass man auf der Bitcoin-Website www.bitcoin.org folgenden Hinweis findet, der die Bedeutung der Vererbung von Bitcoins unterstreicht: «Denke an dein Testament. Deine Bitcoins können unwiederbringlich verloren sein, wenn du keinen Sicherungsplan für Familie und Freunde hast. Wenn zum Zeitpunkt deines Todes der Speicherort deiner Wallets oder deine Passwörter nicht bekannt sind, gibt es keine Hoffnung, dass dein Geld jemals wiederhergestellt werden kann. Nimm dir ein wenig Zeit für diese Dinge, es kann einen großen Unterschied ausmachen.»

i

Du musst deinen Nachlassplan regelmäßig aktualisieren, mindestens alle sechs Monate. Schließlich ändern sich deine Lebensumstände und Investitionen laufend, und der Plan sollte diese Veränderungen widerspiegeln. Achte darauf, dass du genügend und möglichst einfache Informationen in deinen Nachlassplan schreibst. Deine Erben sollen damit sicher umgehen können.

Aus Fehlern gelernt

Nachdem ich meinen allerersten Nachlassplan erstellt hatte, war ich felsenfest davon überzeugt, an jedes noch so winzige Detail gedacht und alles richtig gemacht zu haben. Als ich ihn aber ein Jahr später aus dem Safe holte und voller Stolz meinen gespannt und neugierig wartenden Erben präsentieren wollte, dämmerte mir, wie unzureichend, unvollständig, ja eigentlich grottenschlecht er in Tat und Wahrheit war. Ich hatte nur einige Stichworte und die Zugangsdaten aufgelistet, ohne Kontext, ohne Zusatzinformationen oder Hilfestellungen. Ich hatte den Plan zwar in einem sicheren Safe bei einer Bank hinterlegt, konnte aber anfänglich nicht zu meinem Safe gelangen, weil meine Zugangskarte nicht mehr gültig war – ich musste den entsprechenden Hinweis der Bank übersehen haben. Als ich mir wieder Zugang zum Tresor verschafft hatte, merkte ich, dass mein Nachlassplan weder versiegelt war und also jederzeit unbefugt geöffnet werden konnte noch vor Umwelteinflüssen wie Feuer oder Wasser geschützt.

Zudem hatte ich mir keinerlei Gedanken darüber gemacht, wie meine Erben überhaupt erfahren sollten, wo ich meinen Nachlassplan hinterlegt habe und wie sie den Banksafe öffnen könnten. Ich war der Meinung, sie wüssten genau, was ich in meiner Freizeit treibe und welche Gedanken mir den lieben langen Tag durch den Kopf schießen. Im Ernstfall ein fataler Irrtum! Kaum hatte ich damit begonnen, meinen immer mickriger wirkenden Nachlassplan zu präsentieren, hagelte es von Seiten meiner künftigen Erben Fragen: Was sind Bitcoins? Wozu ist ein Nachlassplan gut? Wo finde ich den? Welches Schließfach? Bei welcher Bank? Was ist ein Wallet? Brauche ich diese Seed-Phrase wirklich? Die Fragen hörten gar nicht mehr auf. Ein kompletter Reinfall. Also setzte ich mich wieder an den Schreibtisch und arbeitete bessere Varianten aus. Parallel begann ich, an diesem Buch zu schreiben, um die gewonnenen Erkenntnisse weiterzugeben. Weil ich merkte, wie viel Arbeit eine solide Nachlassplanung bedeutet, entwickelte ich gleichzeitig mein Hilfstool, das auch dir viel Schreibaufwand abnehmen wird.

Der Nachlassplan, der dir entspricht

Das Sprichwort «Viele Wege führen nach Rom» trifft definitiv auch auf die Verwahrung und Vererbung von Bitcoins zu. Damit will ich sagen: Es gibt kein allerbestes, allen anderen überlegenes Wallet und nicht den einen richtigen, komplett sicheren Nachlassplan. Die einen Experten empfehlen, die Zugangsdaten zu unterteilen und an unterschiedlichen Orten zu verwahren. Anderen ist das nicht sicher genug, sie raten, Kopien des Nachlassplans und Backups in verschiedenen Ländern aufzubewahren. Wieder andere schwören auf Offline-Papier-Lösungen und nicht ans Internet angebundene Computer und belächeln die Methoden der anderen. Wenn du mithilfe dieses Buches und des dazugehörigen Hilfstools deinen persönlichen Nachlassplan erstellst, solltest du stets folgende Devise im Hinterkopf behalten: *Mache es einem Angreifer so schwer wie möglich, an deine Bitcoins heranzukommen, deinen Erben aber so einfach wie möglich.*

Kennst du Dan Browns Roman-Bestseller «Sakrileg» («The Da Vinci Code» im Original) beziehungsweise dessen Verfilmung mit Tom Hanks? Aus meiner Sicht macht es wenig Sinn, eine ähnliche Schnitzeljagd nach den einzelnen Puzzleteilen deines Nachlassplans rund um den Globus zu veranstalten. Im Buch und Film mag das aufregend sein, in der Realität aber würdest du mit einer derart abenteuerlichen Nachlassplanung nur das Leben deiner Erben zur Hölle machen. Zudem: «Komplexität ist die Feindin der Sicherheit», sagt der US-amerikanische Bitcoinexperte Michael Flaxman. Überlege dir eine gute Balance zwischen Komplexität und Sicherheit.

Bedenke dabei, dass auch vermeintlich sichere Orte nicht immer so sicher und über jeden Zweifel erhaben sind, wie es anfangs scheint. Ein Bankschließfach etwa erschien mir als eine todsichere Option. Ich merkte nicht, dass ich mich damit von der Institution und deren Geschäftsbedingungen abhängig machte. Das realisierte ich erst, nachdem – du erinnerst dich – das Zugangssystem ausgewechselt worden war und ich vorübergehend nicht zu meinem Nachlassplan gelangen konnte. Was hier eine Anekdote am Rande ist, wäre in einer echten Notsituation überhaupt nicht lustig. Auch ist es denkbar, dass deinen Erben der Zugang verwehrt wird. Oder du hast weiteren Personen, beispielsweise früheren Partnern oder inzwischen mit dir zerstrittenen Geschwistern, eine Zugangsberechtigung erteilt, so dass sie nun in Ruhe deinen Safe leerräumen können. Durch einen Artikel in der «New York Times» wurde zudem ein Fall bekannt, bei dem eine Bank das Schließfach ihres Kunden eigenmächtig geöffnet und den Inhalt an einen anderen Lagerort gebracht hatte. Später im Buch werde ich auf solche Szenarien detailliert eingehen und Tipps geben, wie du solchen Problemen aus dem Weg gehen oder sie entschärfen kannst.

Die perfekte Nachlasslösung gibt es nicht. Sie ist immer ein Kompromiss zwischen Komplexität und Sicherheit. Starte lieber einfach und behalte immer den Wissensstand deiner Erben im Auge. Überarbeite deinen Nachlassplan in regelmäßigen Abständen, bis du den für dich persönlich besten Mix gefunden hast.

Bereite deine Erben vor

Mein anfängliches Scheitern hatte mich gelehrt, wie wichtig eine gute Planung ist und welche Dinge es dabei zu beachten gilt. Durch all die in Verlegenheit bringenden Fragen meiner Erben musste ich am eigenen Leib erfahren, dass man niemals davon ausgehen sollte, dass das, was einem selbst klar erscheint, auch anderen Personen einleuchtet. Diese anfänglich banal anmutende Erkenntnis ist umso wichtiger beim Bitcoin. Hier treffen alte und neue Technologien aufeinander und vereinen ganz neue Konzepte und Denkweisen. Ich hatte das unterschätzt.

Wenn du deinen Nachlassplan erstellst, gehe am besten davon aus, dass die Personen, die ihn lesen, überhaupt kein Vorwissen über Bitcoins haben. Solltest du eines Tages plötzlich sterben, haben verständlicherweise andere Themen Vorrang. Niemand sperrt sich mitten in der Trauerzeit tagelang im stillen Kämmerchen ein, um alles über Kryptografie und Blockchain zu lernen. Für deine Erben wird das ohnehin eine schwere Zeit sein. Du solltest sie ihnen nicht zusätzlich erschweren, indem du zu wenig oder zu komplizierte Informationen über deine Krypto-Assets hinterlässt. Unter diesen Umständen könnte der Erbgang nämlich eine fatale Wendung nehmen: Weil sie sich der unverständlichen und unübersichtlichen Materie nicht gewachsen fühlen, geben die Erben vorzeitig auf und werfen deinen Nachlassplan weg. Oder sie suchen Hilfe bei einem Betrüger oder Hochstapler. In beiden Fällen wäre dein wertvolles Bitcoinerbe für immer verloren. Die gute Nachricht ist: Es liegt in deiner Hand, das zu verhindern. Denk immer daran, Informationen müssen einfach und nachvollziehbar sein.

Die Vorbereitung deines Umfelds ist zentral. Je besser es vorbereitet ist, desto einfacher machst du es deinen Erben, die eingebauten Sicherheitshürden zu überwinden und an ihr Erbe zu gelangen. Ich zum Beispiel versuche, meine Familie in kleinen Schritten in die Thematik einzuführen, und rede in regelmäßigen Abständen darüber. Die Aufmerksamkeit hält sich, um ehrlich zu sein, bisweilen in Grenzen, aber ich bleibe hartnäckig. Vielleicht kannst du deine Erben auch zu einem Bitcoin-Meetup mitnehmen oder ihnen ein paar Videos zeigen? Mir persönlich gefallen die YouTube-Clips von Andreas Antonopoulos, eine der angesehensten Persönlichkeiten in der Bitcoinwelt. Er bringt komplexe Themen sehr einfach und humorvoll auf den Punkt. Natürlich kannst du deinen Erben auch dieses Buch zum Lesen geben, sobald du damit durch bist. Das würde ihnen sicherlich auch helfen, deine Gedankengänge besser zu verstehen. Wenn du jedoch nicht willst, dass deine Erben vorab erfahren, dass du Bitcoins hältst, oder es in deinem Land sogar gefährlich ist, diese zu besitzen, dann bleibe dabei und erzähle es niemandem. Umso wichtiger ist es in diesem Fall, dass deine Erben deinen Nachlassplan auch ohne dich finden und er alle wichtigen Informationen enthält.

Dein Umfeld mit deiner Begeisterung für Bitcoins anzustecken, kann ganz schön frustrierend sein. Gehe nicht mit der Brechstange vor, sondern passe die Momente ab, wenn deine Erben empfänglich für das Thema sind. Falls es diesen nicht geben sollte, stelle sicher, dass wenigstens dein Nachlassplan wasserdicht ist, indem du die Tipps aus diesem Buch befolgst.

Auf einen Blick

- Ein Nachlassplan macht immer Sinn.
- Ein guter Nachlassplan ist einfach und verständlich.
- Den perfekten Nachlassplan gibt es nicht.
- Merke: Übermäßige Komplexität ist die Feindin der Sicherheit.
- Überprüfe deinen Nachlassplan regelmäßig und passe ihn jeweils an.
- Gehe davon aus, dass deine Erben keine Ahnung von Bitcoins haben.

Mehr zum Bitcoin, um dein Umfeld für das Thema zu sensibilisieren.

KAPITEL

3

DIE REVOLUTION VON SATOSHI NAKAMOTO

Damit wir für die weitere Lektüre eine gemeinsame Wissensbasis haben, folgt nun eine kurze Einführung in die Ideen und Konzepte der dezentralen Bitcoinwelt. Im Mittelpunkt stehen deren wichtige Elemente wie die Blockchain-Technologie oder private Schlüssel, mit denen du Zugriff auf deine Bitcoins erhältst. Du musst sie sicher verwahren – sie machen dich zu deiner eigenen Bank.

Satoshis Vermächtnis

Am 31. Oktober 2008, auf dem Höhepunkt der schweren Wirtschafts- und Finanzkrise, erhielten die gut 100 Mitglieder der Kryptografie-Mailingliste eine Nachricht von einem gewissen Satoshi Nakamoto. Der Mail war ein Link zu einem Whitepaper beigefügt. Auf rund zehn Seiten schlug es ein dezentrales, Kryptografiegestütztes Peer-to-Peer-Zahlungssystem vor, das nichts Geringeres anstrebte, als die Welt aus den Fängen der Staaten und deren Zentralbanken zu befreien. Der Name des neuartigen Geldes: Bitcoin.* Dass Nakamoto den Bitcoin mitten in der Finanzkrise vorschlug, war natürlich kein Zufall. Schließlich war an den Verwerfungen im Weltfinanzsystem eine Geldpolitik Schuld, die libertäre Ökonomen, aber auch Gruppierungen wie die Cypherpunks bereits seit Jahrzehnten kritisierten. Begonnen hatte sie damit, dass der US-Präsident Richard Nixon 1971 den Goldstandard endgültig aufhob. Damit war die amerikanische Notenbank, die Federal Reserve, nicht mehr verpflichtet, Papiergeld jederzeit mit Gold zu decken. Sie konnte nun nach Belieben neues Geld drucken, während Geschäftsbanken durch ihre Kreditpolitik immer neues Buchgeld in Umlauf brachten.

Diese «Dreifaltigkeit» aus Staat, Zentral- und Geschäftsbanken hat im traditionellen Finanzsystem die Hoheit über den Geldschöpfungsprozess inne. Konzepte, dieses zentralistische Geldmonopol mithilfe der Kryptografie zu brechen und durch ein System zu ersetzen, das von keiner zentralen Partei kontrolliert wird, kursieren bereits seit den 1980er-Jahren. Doch niemandem war es bislang gelungen, das sogenannte «Double Spending Problem» (Doppelte-Ausgabe-Problem) zu lösen – also sicherzustellen, dass digitales Geld, das theoretisch so oft kopiert werden kann wie eine Bild-, Musik- oder Filmdatei, nicht doppelt oder mehrfach ausgegeben wird. Entsprechend waren die ersten Leser des Whitepapers skeptisch. Ein Element, das geholfen hat, sie umzustimmen, war das Konzept der Blockchain.

** Die deutsche Fassung des Whitepapers unter: https://bitcoin.org/files/bitcoin-paper/bitcoin_de.pdf*

Blockchain

Eine zentrale Rolle im Bitcoin-Whitepaper spielt der «Timestamp Server» (Zeitstempel-Server). Als eine Art komplett unabhängige, dezentrale Uhr erfasst dieser Server, welche Information wann erzeugt wurde – und verkettet sie zu einem unfälschbaren globalen Buchungssystem, der Blockchain. Darauf können digitale Informationen, beispielsweise Bitcoins, eindeutig und fälschungssicher übertragen werden. Den Begriff «Blockchain» würdest du im Bitcoin-Whitepaper übrigens vergebens suchen, er wurde erst später von der Bitcoin-Community geprägt. Satoshi Nakamoto sprach von «Chain of Blocks» oder «Chain of Ownership».

Eine herkömmliche, zentralistische Geschäftsbank führt ein Hauptbuch (Ledger), in dem sie sämtliche Geldüberweisungen erfasst. Eine über eine Blockchain laufende Kryptowährung wie der Bitcoin zeichnet sich aber gerade dadurch aus, dass die zentrale Instanz ausgeschaltet ist und ihre Aufgaben von einem auf viele Computer rund um den Globus verteilten Netzwerk übernommen werden (mehr über Typologien von Netzwerken erfährst du in der Geek-Info auf der folgenden Seite). Wie genau kann ein solches System des verteilten Hauptbuchs (Distributed Ledger) sicherstellen, dass nur gültige Transaktionen erfasst werden und Geldbeträge nicht doppelt oder mehrfach ausgegeben werden?

Erfolgt im Netzwerk eine Transaktion, speichert die Blockchain-Software die relevanten Informationen und Parameter in einem Datenblock und bestätigt den erfolgten Transfer. Alle später eintreffenden Kopien der Transaktion werden von der Software automatisch für ungültig erklärt. Jeder Datenblock einer Blockchain wird durch einen einzigartigen digitalen Fingerabdruck repräsentiert, eine durch eine kryptografische Funktion erstellte Zeichenkette fixer Länge, «Hash-Wert» oder einfach nur «Hash» genannt. In der hexadezimalen Schreibweise, die aufgrund ihrer vergleichsweisen Kompaktheit in der Informatik gebräuchlich und beliebt ist, ist ein Bitcoin-Hash immer 64 Zeichen lang und setzt sich aus den Zahlen 0 bis 9 sowie den Buchstaben von a bis f zusammen. Er stellt eine eindeutige, sehr große Zahl dar und sieht zum Beispiel so aus:

```
000000000019d6689c085ae165831e934ff763ae46a2a6c172b3f1b60a8ce26f
```

Jeder neue Block speichert den Hash des vorherigen jeweils in sich, so dass eine Kette sämtlicher Transaktionen im Netzwerk entsteht.

Dieses Konzept macht es für unehrliche Nutzer sehr aufwendig und teuer, das Netzwerk zu eigenen Gunsten zu manipulieren. Würde ein Angreifer versuchen, eine im Block bestätigte Transaktion nachträglich abzuändern, würde sich nicht nur der Hash dieses Blocks ändern, sondern gleichzeitig eine Kettenreaktion entstehen, die alle nachfolgenden Blöcke und deren Transaktionen ungültig macht. Der Angreifer müsste also auch alle nachfolgenden Blöcke neu berechnen, was enorme Rechenpower – mindestens die Hälfte der Rechenpower des gesamten Netzwerks! – erfordern und seine Energiekosten unweigerlich in astronomische Höhen treiben würde. Durch dieses Prinzip sowie den hohen Stromverbrauch, wegen dem der Bitcoin in Zeiten des Klimawandels häufig in die Kritik gerät, schützt sich das Netzwerk also quasi selbst vor Hackerangriffen.

FÜR GEEKS | ZENTRALE, DEZENTRALE UND VERTEILTE NETZWERKE

Dezentralisierung bedeutet in der Informatik, dass Computer und andere Geräte mehrfach untereinander verbunden sind statt mit einer zentralen Einheit, welche den Informationsfluss steuert und kontrolliert. Die Grafik auf Seite 37 zeigt die verschiedenen Netzwerktopologien. Wie du bereits weißt oder ahnst, ist die typische Blockchain ein verteiltes Netzwerk. Im Gegensatz zum klassischen Bankensystem beispielsweise gibt es bei einer Kryptowährung wie dem Bitcoin keine zentrale Einheit mehr, die Geldtransfers und Kontoführung koordiniert. Im Idealfall sind die Informationen auf Tausende Computer auf der ganzen Welt verteilt. Diese Computer nennt man eigenständige Netzwerkknoten oder Full Nodes. Alle Netzwerkknoten verfügen über die gleichen Informationen, sie haben das gleiche Hauptbuch lokal gespeichert. Darin steht, welcher Nutzer wie viele Bitcoins besitzt und wann er wem wie viel Geld überwiesen hat. Die Verteilung der Informationen stellt sicher, dass keine zentralen Angriffspunkte mehr bestehen («no single point of failure»). Das System wird dadurch stabiler, sicherer und robuster gegenüber Hacker-Angriffen. Zudem kann keine zentrale Instanz mehr allein bestimmen, wer am System teilnehmen darf und wer nicht. Es können keine Personen willkürlich ausgeschlossen, Konten gesperrt oder Tauschhandel limitiert werden.

DEZENTRALISIERUNG

Bereits seit den 1960er-Jahren unterscheidet die Informatik zentralisierte (A), dezentralisierte (B) und verteilte Netzwerke (C).

A

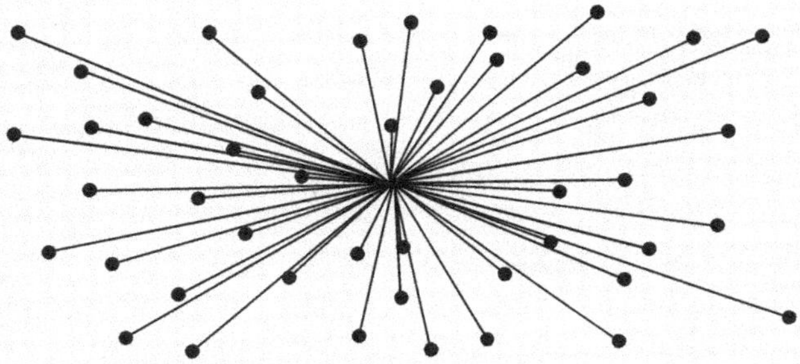

B

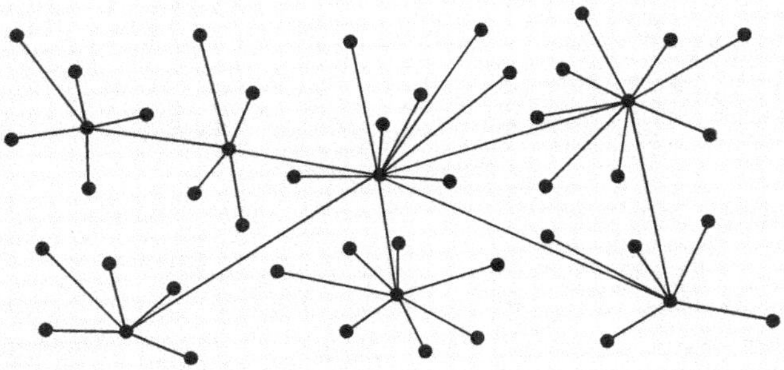

C

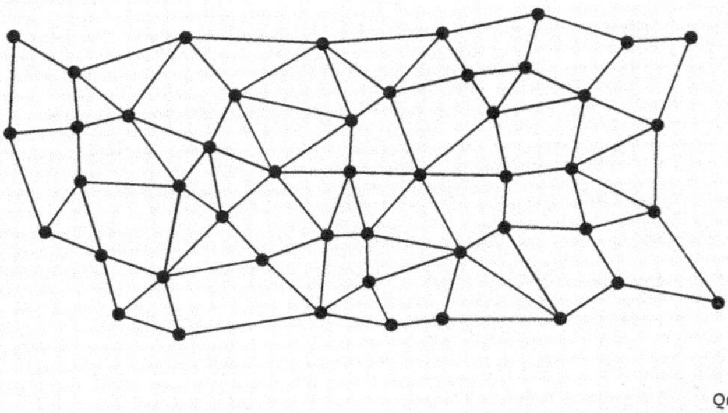

Quelle: Paul Baran

Full Nodes

Damit eine Blockchain ohne zentrale Instanz funktionieren kann, braucht sie unabhängige Schiedsrichter, die überprüfen, ob die Regeln des Systems auch eingehalten werden. Beim Bitcoin und einigen anderen Kryptowährungen sind es die sogenannten «Full Nodes», also eigenständige Netzwerkknoten. Diese von Einzelpersonen oder Firmen betriebenen und über die ganze Welt verteilten Computer bilden das Rückgrat der Blockchain. Sie speichern jeweils die komplette Transaktionshistorie lokal ab. Das hat gute Gründe. In einem verteilten System ohne zentrale Autorität herrscht Chaos. Viele Netzwerk-Teilnehmer sind immer wieder offline, so dass sie mit Verspätung über die jüngsten Transaktionen sowie die neugeschaffenen Blöcke erfahren. Tausende Full Nodes sorgen dafür, dass in diesem hochdynamischen System Konsens über den Datenbestand geschaffen und aufrechterhalten wird. Selbständig und unabhängig leiten die Full Nodes Transaktionen untereinander weiter und validieren sie sowie die neugeschaffenen Blöcke entsprechend den Konsens-Regeln. Verstößt eine Überweisung gegen die Regeln, lehnen die Full Nodes sie ab. Betreibe auch du einen Full Node, validiere Transaktionen und stärke damit das Netzwerk!

Mining

Klassisches Geld wird physisch auf Metall geprägt, auf Spezialpapier gedruckt oder per Knopfdruck elektronisch geschöpft. Wie aber sollen in einem verteilten kryptografischen System neue Bitcoins entstehen? Die kürzeste Antwort lautet: Sie werden «geschürft», wie Gold, nur eben digital. Der entsprechende Prozess nennt sich «Mining». Wie die «echte» Minenarbeit ist er ziemlich arbeits- und ressourcenintensiv. Als Wort kommt das Mining im Bitcoin-Whitepaper übrigens ebenso wenig vor wie die Blockchain, auch dieser Begriff wurde erst nachträglich von der Community geprägt. Bis zum Jahr 2140 werden maximal 21 Millionen Bitcoins gemint sein. Danach ist Schluss – wie bei Gold, dessen Vorräte theoretisch ebenfalls endlich sind.

Um einen neuen Block zu kreieren und ihn an die Blockchain «anzuhängen», müssen Miner einen ressourcenintensiven Arbeitsnachweis (Proof of Work) erbringen. Sie stellen Rechenleistung zur Verfügung, um eine mathematische Aufgabe zu lösen – mehr dazu in der Geek-Info rechts.

FÜR GEEKS | ARBEITSNACHWEIS (PROOF OF WORK) ERKLÄRT

Um den Proof of Work beim Bitcoin nachweisen zu können, muss für den neuen Block ein digitaler Fingerabdruck, Hash, berechnet werden: eine vielstellige Zahl, die gleich groß oder kleiner ist als ein vorgegebener Zielwert («Target»). Gesucht ist also ein spezifischer Hash. Dafür greift jeder Miner auf seinen Pool von unbestätigten Transaktionen aus dem Netzwerk zurück und erstellt einen individuellen provisorischen Block-Kandidaten. Dieser enthält die noch unbestätigten Transaktionsdaten, den Hash des letzten validen Blocks der Blockchain und weitere Parameter. Darunter befindet sich die Zufallszahl «Nonce» (number only used once). Sie wird von jedem Miner individuell den Blockdaten hinzugefügt und zusammen mit diesen mittels kryptografischer Rechenfunktion «verdichtet». Ziel ist, die richtige Nonce zu finden. Die Suche nach ihr ist mit dem Knacken eines Zahlenschlosses beim Fahrrad vergleichbar: Die Miner müssen theoretisch jede Zahl durchprobieren, was Rechenpower und Strom benötigt. Um ihren spezifischen Block an die Blockchain anzuhängen, treten die Miner gegeneinander an. Das Rennen macht, wer zuerst die zu seinem individuellen Block-Kandidaten passende Nonce findet, die ihrerseits zum geforderten, spezifischen Hash führt. Über den Parameter «Schwierigkeit» (Difficulty) reagiert das Bitcoin-Protokoll automatisch auf steigende oder fallende Rechenleistung im Netzwerk. Auf diese Weise reguliert das Netzwerk etwa alle 14 Tage bzw. 2016 Blöcke, wie schwierig es ist, den spezifischen Hash zu finden. Je mehr Miner online sind, desto schneller wird der Hash im Schnitt gefunden – also setzt die Software die Schwierigkeit höher an. Beim Bitcoin soll etwa alle zehn Minuten ein neuer Block entstehen. An der Zahl der Nullen eines Hashs sieht man grob, wie schwer dieser zu finden war: je mehr Nullen, desto schwerer.

Hash des allerersten Bitcoin-Blocks # 0, der jemals gemint wurde (3.1.2009, 19:15, Schwierigkeit: 1.00, Nonce: 2 083 236 893):

000000000019d6689c085ae165831e934ff763ae46a2a6c172b3f1b60a8ce26f

Hash des Bitcoin-Blocks # 611139, der genau elf Jahre später gemint wurde (3.1.2020, 19:15, Schwierigkeit: 13 798 783 827 516.42, Nonce: 2 412 375 664):

0000000000000000000522af12268368114b5e3658bd92d2cf11d7809641d789

Das Interessante dabei: Der Arbeitsnachweis kann nur durch Ausprobieren erstellt werden. Dadurch ist das Mining fair, kein Netzwerk-Teilnehmer wird bevorzugt. Hintertüren, um die Blöcke zu fälschen oder zu produzieren, ohne gerechnet und dafür Energie eingesetzt zu haben, gibt es nicht. Die Regeln sind für jeden Nutzer transparent und teuer umzusetzen. Sobald der Arbeitsnachweis erbracht und ein neuer Block erstellt worden ist, wird er von den Full Nodes geprüft und validiert.

Die erste Transaktion in einem neuerstellten Block ist die sogenannte «Coinbase-Transaktion». Wenn es einem Miner gelungen ist, einen validen Block zu erstellen, erhält er auf diese Weise frische Bitcoins als Entschädigung für seine Aufwände. Einen Teil der neu geschaffenen Bitcoins verkaufen die Miner, um den Strom und andere Aufwendungen zu bezahlen. Dadurch gelangen immer wieder neue Bitcoins auf den Markt. Weil es spezielle und teure Hardware (ASIC Miner) erfordert, um den Proof of Work zu erbringen, ist das Mining heutzutage ein industrieller Prozess. Miner schließen sich zu Netzwerken zusammen, um ihre Rechenleistung zu bündeln und dadurch die Chancen auf Erfolg zu erhöhen. Damit kommt zumindest der Bitcoin von der ursprünglichen Idee ab, dass jeder zu Hause auf seinem Computer minen kann. Theoretisch ist das zwar weiterhin möglich, ökonomisch aber ein Verlustgeschäft.

Neben Proof of Work gibt es weitere Verfahren, um neue Blöcke zu erstellen und zu validieren, beispielsweise Proof of Stake oder Proof of Authority. Den Beweis, dass sie das Netzwerk ebenso gut oder sogar besser vor Angriffen schützen können als Proof of Work, müssen sie allerdings erst noch erbringen.

Asymmetrische Kryptografie

Die meisten Blockchain-Technologien bauen auf Hash-Funktionen, digitalen Unterschriften (Signatures) sowie auf asymmetrischer Kryptografie (private und öffentliche Schlüssel) auf. Diese Konzepte sorgen gemeinsam dafür, dass Informationen korrekt, verschlüsselt und sicher transportiert werden können. Ursprünglich die Wissenschaft von der Verschlüsselung von Informationen, befasst sich die Kryptografie heute ganz allgemein mit dem Thema Informationssicherheit. Ohne sie funktioniert in unserer modernen, vernetzten, digitalen Gesellschaft gar nichts mehr. Du bestellst zum Beispiel dieses Buch in einem Onlineshop als Geschenk für einen Bitcoin-interessierten Freund? Dabei läuft im Hintergrund einiges an Kryptografie ab. In einem verteilten System wie der Blockchain ist die Anwendung kryptografischer Prinzipien noch wichtiger. Es gibt keine zentrale Instanz mehr, die überwacht, ob die überweisende Person auch tatsächlich die Person ist, die sie vorgibt zu sein. Auch ist niemand da, der kontrolliert, wer wie viel Geld auf seinem Konto hat und ob er dieses Geld überhaupt ausgeben darf. Die ideale Spielwiese für allerlei Angreifer also, die das System zu betrügen versuchen. Genau hier kommt die Kryptografie ins Spiel und schützt die Nutzer durch die Macht der Mathematik und ihrer Algorithmen.

Für unsere Zwecke, also die sichere Verwahrung und Vererbung von Bitcoins, sind insbesondere die asymmetrischen Schlüsselpaare aus privaten und öffentlichen Schlüsseln relevant. Der private Schlüssel (Private Key) ist das Herzstück deiner Bitcoins und das wichtigste Element, das es zu schützen gilt. Niemand außer dir darf deinen privaten Schlüssel kennen! Technisch ist der private Schlüssel eine Zufallszahl. Es gibt verschiedene Formate, um ihn darzustellen. Häufig verwendet wird das Wallet Import Format (WIF), in dem der private Schlüssel beispielsweise so aussieht:

```
L3x6rXaVneFNdeJouTR8pdfNW7EtqLXTj82T3iuA58AqaK19Bs57
```

Generieren kannst du ihn entweder eigenhändig, was aufwendig und komplex ist, oder du überlässt diesen Prozess deinem Wallet, der digitalen Brieftasche also, die deine Schlüssel sicher verwahrt – im nächsten Kapitel werde ich ausführlich auf die Wallets zu sprechen kommen. Auf dem privaten Schlüssel basiert nicht nur deine digitale Unterschrift (Digital Signature), mit der du Transaktionen freigibst. Aus ihm wird mittels einer kryptografischen Rechenfunktion auch der öffentliche Schlüssel (Public Key) erzeugt. In leicht abgeänderter Form dient dieser als Empfangsadresse für deine Bitcoins. Der öffentliche Schlüssel darf und muss sogar öffentlich geteilt werden, um neue Bitcoins zu empfangen oder welche zu versenden. Er ist vergleichbar mit der IBAN eines traditionellen Bankkontos. Die Kombination aus privatem und öffentlichem Schlüssel macht dich zu deiner eigenen Bank.

Alles ist möglich

«Sei deine eigene Bank» (Be your own bank) ist ein in der Bitcoin-Gemeinschaft geläufiges Kredo. Es wird niemand Geringerem als dem anonymen Erfinder des Bitcoins, Satoshi Nakamoto, zugeschrieben. Nakamoto verließ das Bitcoinprojekt Ende 2010, ohne dass seine Identität bekanntgeworden wäre. Seither arbeitet eine Open-Source-Community an der Entwicklung weiter. Das heißt: Die Software ist öffentlich einseh- und nutzbar, jede Person kann an deren Weiterentwicklung mitarbeiten oder basierend darauf sogar eine eigene Bitcoinvariante erstellen (Fork). Deshalb ist es auch nicht so wichtig, wer Satoshi Nakamoto ist oder war. Beim Bitcoin zählt nicht der Schöpfer, sondern die Gemeinschaft.

Neben jenem für den Bitcoin existieren mittlerweile unzählige weitere Kryptoprotokolle. Das prominenteste ist zweifellos Ethereum, das 2015 an den Start ging und Stand Sommer 2020 die zweitgrößte Blockchain ist. Die beeindruckenden Kursgewinne des Bitcoins führten dazu, dass 2017 ein regelrechter Krypto-Hype entstand und Tausende Kryptowährungen wie Pilze aus dem Boden schossen. Da sie entweder unpraktisch in der Handhabung waren oder keinen ökonomischen Mehrwert boten, sind die meisten seither wieder verschwunden. Nichtsdestotrotz entwickelt sich die Branche rasant weiter. Neben dem ersten Anwendungsfall eines verteilten, digitalen Geldes («Coins») entstehen immer wieder neue Ansätze mit der Blockchain-Technologie als Grundlage. Eine davon sind Tokens, also digitale Wertmarken, mit deren Hilfe sich zum Beispiel physische Vermögenswerte wie Immobilien, Gemälde oder Oldtimer digital auf der Blockchain abbilden und handelbar machen lassen. Erreicht wird dies durch sogenannte Smart Contracts, Programme also, die sich nach vorgegebenen Parametern selbst ausführen. Tokens sind in einem Smart Contract definiert und beschrieben. Auch wenn im Alltag Coins und Tokens häufig synonym verwendet werden, bestehen zwischen ihnen klare Unterschiede, die du in der Geek-Info gegenüber nachlesen kannst. Wie sinnvoll die verschiedenen Anwendungsfälle sind, darüber sind die Meinungen in der Szene geteilt. Keine Sorge: Für die Verwahrung und Vererbung macht es überhaupt keinen Unterschied, ob du nun neben dem Bitcoin noch andere Coins oder Tokens besitzt, über die du dich als Investor etwa an einer Liegenschaft beteiligt hast. Den Begriff «Kryptos» verwende ich in diesem Buch für alle alternativen Coins und Tokens. Sofern ich nicht ausdrücklich auf das Gegenteil hinweise, gelten die Aussagen dieses Buches neben dem Bitcoin für alle Kryptos.

FÜR GEEKS | COIN UND TOKEN

Je nach Krypto-Asset spricht man entweder von Coin oder Token. Obwohl es klare Unterschiede zwischen den beiden gibt, werden die Begriffe fälschlicherweise immer wieder synonym verwendet oder vertauscht. Ein Coin ist digitales Geld und gemäß Protokoll und Definition unzertrennlich mit seiner Blockchain verbunden. Coins werden hauptsächlich als Geld für den Zahlungsverkehr genutzt. Beispiele dafür sind Bitcoins, Litecoins oder Ether. Ein Token ist zwar auch einer bestimmten Blockchain zugewiesen, er ist aber nicht von Anfang an integriert. Tokens können jederzeit und von jedem Nutzer auf der jeweiligen Blockchain kreiert werden. Nehmen wir die Ethereum-Blockchain. Der Ether ist ihr Coin. Nun kann man auf ihr eigene, selbst ausführende Programme erstellen, die sogenannten Smart Contracts. Die Gebühren dafür werden in Ether bezahlt. Dank diesen Smart Contracts können die Tokens alle möglichen Vermögenswerte digital abbilden, sei es Geld oder physische Vermögensposten wie etwa eine Liegenschaft. Nicht jede Blockchain unterstützt die Schaffung von Tokens. Es gibt sie bereits bei Ethereum, aber auch beim Bitcoin dürfte die Digitalisierung physischer Gegenstände in absehbarer Zeit kommen.

Auf einen Blick

- Der Bitcoin ist eine Finanzrevolution.
- Es ist unmöglich, die Bitcoin-Blockchain zu manipulieren.
- Die Miner erstellen neue Blöcke und frische Bitcoins.
- Die Full Nodes speichern die gesamte Transaktionshistorie ab und sorgen dafür, dass die festgelegten Regeln jederzeit eingehalten werden.
- Blockchain-Technologien bauen auf privaten und öffentlichen Schlüsseln, digitalen Unterschriften sowie Hash-Funktionen auf.
- Schütze deine privaten Schlüssel so gut wie nur möglich.

Links für Einsteiger, technische Ergänzungen und Neuigkeiten.

KAPITEL

4

WALLETS KENNEN UND VERSTEHEN

Du hast unzählige Möglichkeiten, deine Bitcoins sicher zu verwahren. Hier lernst du die wichtigsten Wallet-Arten kennen und erfährst, wie sie funktionieren und welche Stärken und Schwächen der jeweilige Ansatz hat. Die Verwahrung ist ein wichtiger Meilenstein auf dem Weg zu deinem ganz persönlichen Nachlassplan und spielt auch sonst eine zentrale Rolle im Umgang mit Bitcoins.

Deine Schlüssel speichern und verwalten

Als Nutzer des Bitcoins bist du bestimmt schon mit «Wallets» in Berührung gekommen. Diese Geräte oder Software-Anwendungen verwahren und verwalten deine Bitcoins, sie sind eine wichtige Schnittstelle zur Blockchain. Du kannst dir die Wallets als digitale Brieftaschen vorstellen, die deine privaten und öffentlichen Schlüssel enthalten – und nicht etwa, wie du im Alltag bestimmt schon sehr oft gehört hast, die Coins und Tokens selbst. Die Bitcoins, im Grunde nur digitale Informationen in Form von Transaktionsdaten, verlassen nämlich niemals die Blockchain. Wallets gibt es mittlerweile in verschiedensten Ausprägungen. Ihnen können die unterschiedlichsten Philosophien und Technologien zugrunde liegen. Trotzdem tun sie alle mehr oder weniger das Gleiche: Sie verschaffen dir Zugang zu deinen Bitcoins, helfen je nach Variante dabei, Transaktionen auszuführen, und interagieren mit der Blockchain.

Als Satoshi Nakamoto im Jahr 2008 mit dem Bitcoin startete, gab es noch keine Auswahl an Wallets und schon gar nicht solche, die die breite Öffentlichkeit einfach nutzen konnte. Nakamotos damaliges Wallet, der legendäre «Satoshi Client» oder auch «Bitcoin Qt», war technologisch für die damalige Zeit zwar enorm fortgeschritten, dabei aber nicht auf Benutzerfreundlichkeit oder Einfachheit ausgelegt – es richtete sich vor allem an technisch versierte Menschen. Doch selbst diesen Geeks unterliefen regelmäßig Fehler, die in der Regel dazu führten, dass die Zugänge zu einer Vielzahl von Bitcoins für immer verloren gingen. Schätzungen zufolge betragen die Verluste per 2020 etwa 3,8 Millionen Bitcoins, wovon Teile sicher auch dem Satoshi Client zuzuschreiben sind. Um Verluste zu minimieren und den Bitcoin für die breite Öffentlichkeit handhabbar zu machen, entwickelten sich über die Jahre immer einfachere und zugleich sicherere Lösungen.

In den nächsten Abschnitten stelle ich die Hauptgruppen von Wallets vor. Dabei verzichte ich bewusst darauf, einzelne Anbieter im Detail anzuschauen oder gar zu bewerten. Aber ich gebe dir verschiedene Hinweise, damit du die für dich richtige Lösung auswählen kannst. Zwei entscheidende Dinge möchte ich vorwegschicken. Erstens: Nicht jedes Wallet unterstützt jeden Coin oder Token. So gibt es beispielsweise «Bitcoin-Only»- oder «Multi-Coin»-Wallets. Achte deshalb darauf, dass du diejenige Lösung auswählst, die deinen Bedürfnissen und Investitionen entspricht. Zweitens: Ein Nachlassplan erfordert, dass deine Assets für mehrere Jahre sicher verwahrt sind. Aus meiner Sicht eignen sich dafür nur Cold-Storage-Lösungen. Was das ist, erfährst du auf den folgenden Seiten.

Coins und Tokens existieren weder physisch noch als einzelne Dateien. Was wir als Bitcoins bezeichnen, sind digitale Informationen in Form von Transaktionsdaten auf der Blockchain. Dank der Kryptografie kontrolliert man mithilfe privater Schlüssel den Zugang zu diesen Daten. Es sind diese Zugänge, die man der Einfachheit halber als Coin oder Token bezeichnet und in Wallets aufbewahrt.

Das Wallet-Universum

Angesichts der Menge an Begriffen zur Wallet-Thematik und der Vielfalt der Anbieter wird einem oft schwindelig. Ich möchte dich Schritt für Schritt durch dieses Dickicht führen. Grundsätzlich lassen sich Wallets erst einmal in custodial und non-custodial unterteilen. Custodial-Wallets sind digitale Brieftaschen von Dienstleistern, die deine Schlüssel auf ihren eigenen Servern oder in ihren Wallets speichern und dir auf diese Weise die Verwahrung erleichtern. Was im ersten Moment angenehm klingt, hat aber auch Kehrseiten: Wenn ein externer Anbieter deine Bitcoins verwaltet, bist du nicht länger im Besitz der privaten Schlüssel und hast dadurch keinen direkten Zugang zu deinem Investment. Du hast zwar ein Konto bei diesem externen Anbieter mit schöner und oft auch funktionaler Benutzeroberfläche, die dir ein Guthaben suggeriert. Aber da du den Zugang zu deinen Assets nicht selbst kontrollierst, bist du auf den Dienstleister angewiesen – du musst ihm vertrauen. Eigentlich ist es nicht anders als bei einer klassischen Bank.

Der Vorteil ist, dass du in der Bitcoinwelt auf einmal wieder eine Gegenpartei mit anrufbarem Kundendienst hast, wenn es ein Problem gibt. Auch musst du dich nicht mit privaten Schlüsseln und deiner IT-Sicherheit (mehr dazu im nächsten Kapitel) herumschlagen. Bei Verlust der Login-Daten gehen deine Guthaben nicht verloren. Zudem kannst du mithilfe des Dienstleisters relativ schnell und einfach Bitcoins kaufen und verkaufen: Du loggst dich über das Internet ein und kannst sofort lostraden. Wenn du deine Bitcoins auf Custodial-Wallets verwahren möchtest, solltest du die Plattform, ob nun eine Kryptobank oder eine Börse (Exchange), sorgfältig prüfen – es gibt nämlich genug windige Anbieter dort draußen, die dich um dein Vermögen prellen wollen. Immer wieder liest man von Kryptobörsen mit Totalverlusten, entweder weil sie gehackt oder weil der Betreiber angeblich verstorben ist und die Kontozugänge der Kunden blockiert wurden. Vermögen auf Custodial-Wallets können von deren Anbietern zudem jederzeit eingefroren werden.

Bei der Nachlassplanung können Custodial-Wallets noch das folgende Problem mit sich bringen: Hinterlässt du deinen Erben die Zugangsdaten zu deinem Account, müssen sie sich mit deinem Namen einloggen. Dies ist in einigen Ländern strafbar. Natürlich können sie mit dem Dienstleister deinen Nachlass ganz offiziell klären. Das kann aber unter Umständen lange dauern und auch nicht wenig kosten, falls du dir einen Anwalt nehmen musst. Zudem, das dürfte dir nach der bisherigen Lektüre nicht entgangen sein, widersprechen Custodial-Wallets diametral der Philosophie Satoshi Nakamotos. Diese fordert von Bitcoinnutzern, selbst Verantwortung für ihr Geld zu übernehmen und ihre eigene Bank zu werden. Für deinen persönlichen Nachlass empfehle ich Custodial-Wallets definitiv nicht.

Non-Custodial-Wallets sind das Gegenteil. Sie lassen dir die volle Kontrolle über deine privaten Schlüssel und somit die volle Freiheit und Verfügungsgewalt über deine Bitcoins. Der Mittelsmann ist ausgeschaltet, du bist also deine eigene Bank. In diesem Buch fokussieren wir uns auf die Non-Custodial-Wallets. Sowohl bei diesen als auch bei den Custodials unterscheidet man auf der nächsten Stufe zwischen Cold Storage und Hot Storage. Cold Storage bezeichnet Wallets, die komplett offline, also cold, kalt, sind. Sie sind selten bis nie mit dem Internet verbunden. Natürlich müssen auch Cold-Wallets ab und zu online gehen, wenn man Assets verkaufen will. Das ist auch der Grund, weshalb man manchmal den Begriff Warm Storage liest. Die Grenzen hier sind sicher fließend. Ich verzichte der Einfachheit halber auf diese weitere Unterteilung und unterscheide nur Cold- und Hot-Wallets.

Cold-Wallets sind sicherer vor Hacker-Angriffen, da auch die privaten Schlüssel offline sind. Sie können aber, etwa bei der Anschaffung von Hardware, ziemlich schnell ins Geld gehen. Wenn man zudem Bitcoins kaufen oder verkaufen will, muss man die Assets erst online bringen und an eine Handelsplattform schicken. Dies kann mitunter zu teuren Verzögerungen führen. Die «kalte» Speicherung eignet sich also hauptsächlich für den Teil deiner Bitcoins, die du nicht aktiv handeln, sondern für dein Erbe sicher verwahren willst. Hot Storage dagegen meint Wallets, die mit dem Internet verbunden sind, quasi permanent online, also hot, heiß, sind. Typischerweise sind es Computer- oder Smartphone-Apps. Meistens sind solche Anwendungen einfach zu benutzen, oft sind sie kostenlos. Willst du möglichst schnell und jederzeit mit deinen Assets handeln, bist du mit dieser Lösung immer und überall startklar. Sei dir aber bewusst, dass du dein Investment

WALLET-ARTEN

Bei Custodial-Lösungen bist du nicht im Besitz der privaten Schlüssel, bei Non-Custodials schon.

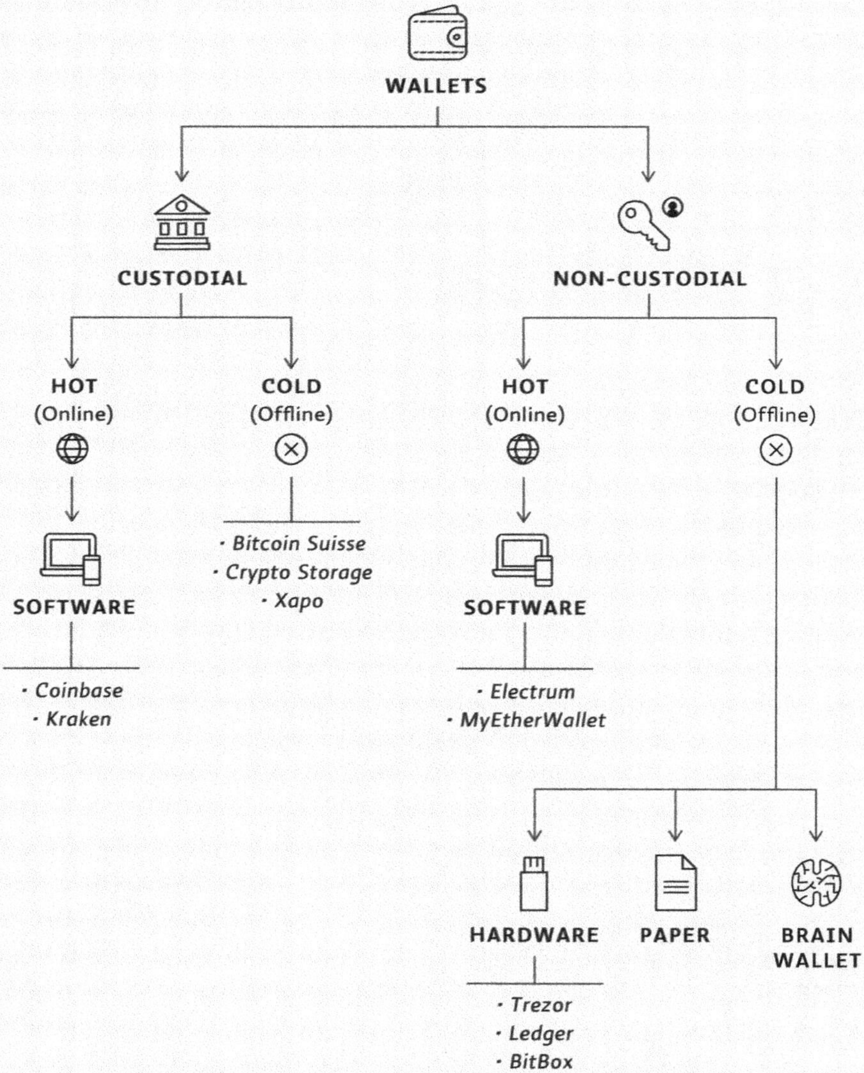

Quelle: Marc Steiner

einem höheren Risiko aussetzt, weil Programme, die mit dem Internet verbunden sind, leichter zu hacken sind. Eine gängige Regel in der Szene besagt, dass du nicht mehr Bitcoins auf einem Hot-Wallet haben solltest, als du Bargeld in deiner Brieftasche mit dir herumträgst.

Natürlich gibt es auch Anwendungen für professionelle Institutionen wie Kryptobörsen oder -banken, die besondere Anforderungen an Leistung und Sicherheit stellen. Für uns im Rahmen dieses Buches sind aber nur die Lösungen für Privatnutzer relevant. Auf die gängigsten Wallet-Arten und ihre jeweiligen Stärken und Schwächen werde ich im Laufe des Kapitels nochmals ausführlich eingehen. Neben der Auswahl der Wallets ist es für deinen Nachlassplan nämlich essenziell, dass der Zugriff für deine Erben jederzeit gewährleistet und durch Backups abgesichert ist. Wie du dies umsetzt, erfährst du in den nächsten Abschnitten.

Möchtest du auch ohne Wallet einsehen, welche Daten und Bitcoinbeträge deine privaten Schlüssel in der Blockchain kontrollieren? Nutze dafür einen der zahlreichen Blockexplorer im Internet. Beliebt sind https://live.blockcypher.com oder https://blockstream.info. Achtung: Gib auf gar keinen Fall deinen privaten Schlüssel ein, sondern nur die Empfangsadressen oder deinen Transaktions-Hash, die dein Wallet anzeigt.

Automatischer Backup dank Seed-Phrase

Nach der ersten, noch groben Übersicht über die Wallets wollen wir nun ins Detail gehen und uns ansehen, wie Non-Custodial-Wallets funktionieren. Als erstes betrachten wir die Backups. Für die sichere Verwahrung und Vererbung deiner Bitcoins sind sie nämlich zentral. Stell dir vor, du verlierst die Zugangs-PIN zu deinem Wallet oder dein Computer mit dem Wallet auf der Festplatte segnet das Zeitliche. Was machst du, um den Zugriff auf deine Assets wiederzukriegen? Einen Support gibt es in den meisten Fällen nicht. Deshalb sind Backups zwingend erforderlich. In den Anfangszeiten des Bitcoins gab es kein großes Wallet-Angebot, geschweige benutzerfreundliche Sicherungsverfahren. Man musste die Backups regelmäßig von Hand erstellen. Die Verfahren wurden in jüngster Zeit aber einfacher und benutzerfreundlicher. Heutzutage ist praktisch jedes Wallet so aufgebaut, dass beim Einrichten automatisch ein Backup-Prozess gestartet wird.

Du wurdest, als du dein Wallet in Betrieb nahmst, bestimmt aufgefordert, 12 oder 24 Wörter aufzuschreiben, erinnerst du dich? Diese Wörter nennen sich Seed-Phrase. Diese Seed-Phrase ist dein Backup für alle Transaktionen und Assets, und das lange bevor es irgendwelche Daten im Wallet gibt. Aus Gesprächen weiß ich, dass viele Menschen mit diesem Konzept des automatischen Backups mittels Seed-Phrase anfangs ihre Schwierigkeiten haben. Es ist ja auch verwirrend und kontraintuitiv, schon beim Aufsetzen des Wallets ein Backup für alle zukünftigen Daten zu erstellen. Normalerweise machen wir Backups schließlich erst, wenn wir Daten, die wir nicht verlieren wollen, erzeugt haben. Für deinen Nachlassplan ist dieses Konzept sehr hilfreich. Deshalb ist es wichtig, dass du es so gut wie möglich verstehst.

HD-Wallets erklärt

Für den Aufbau und die Strukturierung deiner Krypto-Assets verwenden moderne Wallets heutzutage den hierarchisch-deterministischen (HD-)Ansatz. «Deterministisch» bedeutet in der Informatik, dass ein Algorithmus für den gleichen Input immer den gleichen Output liefert. Auf die Wallets angewendet heißt das, dass man mit der gleichen Seed-Phrase immer den Zugriff auf die gleichen Bitcoins hat. «Hierarchisch» spielt auf eine streng gegliederte Rangordnung an, mit der Seed-Phrase als Startpunkt. Seed bedeutet im Englischen Samen oder Saat. Stell dir einen Apfelbaum vor. Er entsteht aus einem einzigen Samen und wächst mit der Zeit immer höher und verästelt sich immer mehr, bis am Schluss Äpfel an den Zweigen hängen. Bei den HD-Wallets ist das nicht anders: Aus der Seed-Phrase entsteht der Wallet-Datenbaum. Er wächst, wenn du neue Transaktionen durchführst oder Konten anlegst. In dieser Baumstruktur (Derivation Path) organisiert und strukturiert das HD-Wallet deine Sub-Wallets, deine Konten und Adressen, wie die Grafik auf Seite 59 schematisch zeigt.

Mnemonic, Mnemonic Seed, Mnemonic Seed Phrase, Seed Key oder Recovery Phrase, von denen im Zusammenhang mit Backups von Wallets gelegentlich die Rede ist, meinen übrigens alle genau dasselbe: die 12 oder 24 Wörter lange Seed-Phrase. Auch Seed wird manchmal synonym verwendet, was aber technisch falsch ist: Zwischen Seed und Seed-Phrase gibt es einen klaren Unterschied, wie du in der großen Grafik auf den Seiten 60 und 61 siehst. Eine Seed-Phrase mit 12 Wörtern könnte zum Beispiel folgendermaßen aussehen, die richtige Reihenfolge und korrekte Schreibweise der Wörter sind zwingend:

```
genius confirm cart whale picture season
choice struggle diagram drill raven nominee
```

Kehren wir zu unserem imaginären Apfelbaum zurück. Er steht für unser HD-Wallet. Aus der Saat, der Seed-Phrase, wächst der Stamm, in der Fachsprache der Master-Seed. Ihm entsprießen die verschiedenen Hauptäste mit ihren Zweigen und zuletzt Früchten. Diese Verzweigungen repräsentieren verschiedene Protokolle und Konten deines Wallets. Der Bitcoin hat sein eigenes Sub-Wallet, auch der Ether hat eines oder der Litecoin, falls du mehrere Kryptowährungen besitzt. Da die Protokolle der meisten Kryptos untereinander nicht kompatibel sind, brauchen sie eigene Sub-Wallets. Dennoch gehen auch sie trotz verschiedener Protokolle auf die ursprüngliche Seed-

Phrase zurück. Die Früchte schließlich sind die Empfangsadressen deiner Bitcoins und Kryptos. Wenn du diese versendest oder weitere empfängst, weiß dein Wallet stets, wo sich diese in der jeweiligen Blockchain befinden. Die hierarchisch-deterministische Baumstruktur, die auf der Seed-Phrase basiert, macht es möglich.

Wenn du dein HD-Wallets verlieren solltest oder es kaputtgeht, musst du dir entweder das genau gleiche Wallet nochmals besorgen – so bist du in jedem Fall auf der sicheren Seite – oder eine App, die den Wiederherstellungsprozess durchführen kann, zum Beispiel die Electrum-App. Mit den technischen Daten des alten Wallets (Marke und Typ) lässt sich über die Seite https://walletsrecovery.org die herstellerspezifische Baumstruktur nachvollziehen und manuell in Electrum eingeben. Da alle Transaktionen, die du aus deinem Wallet heraus ausführst, auf der einen Seed-Phrase beruhen, musst du diese dann nur noch in das neue Wallet oder die App eintippen. Die Determiniertheit des Systems sorgt dafür, dass durch die Eingabe des gleichen Inputs die gleichen privaten Schlüssel und somit deine Bitcoins als Output herauskommen wie im alten, nicht mehr funktionsfähigen oder verschollenen Wallet. Ich empfehle dir mit Nachdruck, diese Variante des Backups zu verwenden. Die Alternative wäre, manuelle Backups zu erstellen, wie früher. Einige Wallets bieten diese Möglichkeit noch immer und stellen dafür ein File, das meistens den Namen «wallet.dat» trägt, zur Verfügung. Dieses File müsstest du in regelmäßigen Abständen sichern und verwahren. Ein mögliches Problem von manuellen Wallet-Backups könnte aber sein, dass neuere Wallet-Versionen nach langer Verwahrungszeit alte, manuell erstellte Backups aus Sicherheits- oder anderen Gründen nicht mehr akzeptieren. In diesem Fall müsstest du ein Wallet finden, welches die alten Backups noch lesen kann, oder eine kompatible Version deines damaligen Wallets auftreiben. Diesen Mehraufwand ersparst du dir und deinen Erben, wenn du auf den gängigen Backup-Mechanismus mittels Seed-Phrase zurückgreifst.

> Halte deine Seed-Phrase unbedingt geheim! Aus ihr werden alle deine privaten und öffentlichen Schlüssel abgeleitet. Wenn sie in falsche Hände gerät, ist es ein Leichtes, dein Konto leerzuräumen. Mit der erbeuteten Seed-Phrase und einer App würde der Angreifer dein Wallet bei sich wiederherstellen und deine Bitcoins an eigene Adressen schicken.

Wallet-PIN, Wallet-Passwort und Passphrase

Um deine Bitcoins sicher zu verwahren, bieten moderne Wallets mehrere Sicherheitsfunktionen. Wenn du dich in dein Wallet einloggst und auf deine verwahrten Schlüssel zugreifst, gibst du bei Hardware-Wallets in der Regel die Wallet-PIN, bei Software-Wallets das Wallet-Passwort ein. Ich möchte mich hier auf Hardware-Wallets fokussieren, weil sie sich, wie du im nächsten Abschnitt sehen wirst, besser für die Vererbung eignen als Software-Wallets. Wie die Geheimzahl deines konventionellen Bankkontos schützt die Wallet-PIN deine Assets vor unerlaubten Zugriffen. Bei einer Falscheingabe dieser Zahlenkombination wird das Hardware-Wallet für immer längere Zeit blockiert. So wartet man nach einer zweiten Falscheingabe schon doppelt so lange auf den nächsten Versuch, beim dritten Mal schon viermal so lange etc. Meistens werden nach einer bestimmten Anzahl Falscheingaben – man hat 10 bis 15 Versuche – die Daten im Wallet komplett gelöscht. Um sie wiederherzustellen, muss man das Wallet mithilfe der Seed-Phrase neu aufsetzen. Im Unterschied zum Bankkonto bist du bei Wallets damit aber noch nicht auf der sicheren Seite. Denn die PIN schützt das Wallet und damit deine Bitcoins nur lokal, also vor dem physischen Zugriff bei dir. Falls es einem Angreifer aber gelingen sollte, deine Seed-Phrase in Erfahrung zu bringen, kann er mit deren Hilfe dein Wallet bei sich wiederherstellen und deine Bitcoins stehlen. Um das zu verhindern, empfehlen Teile der Bitcoin-Gemeinschaft, ein zusätzliches Sicherheitslevel zu nutzen: die Passphrase.

Allgemein gesprochen ist eine Passphrase eine Folge von Zeichen oder Wörtern, die den Zugriff auf ein System regelt. Sie ist mit einem Passwort vergleichbar, aber meistens länger und sorgt für zusätzliche Sicherheit. Nehmen wir zur Anschauung nochmals den Apfelbaum. Wie du jetzt weißt, sind sämtliche Sub-Wallets, Konten und Adressen aus einer einzigen Seed-Phrase entstanden. Die Einrichtung einer Passphrase sorgt dafür, dass an diesem Baum ein neuer Zweig mit komplett neuen Wallets,

Konten und Adressen wächst. Sie sind allerdings verborgen und werden nur sichtbar, wenn du die Passphrase in dein Wallet eingibst. Ohne die Eingabe der Passphrase sieht ein Angreifer, der sich Zugang zu deinem Wallet verschafft hat, einen anderen Strang deines Datenbaums, der zum Beispiel leer sein oder nur sehr wenige Bitcoins enthalten kann. Anders als bei der Wallet-PIN blockiert eine Falscheingabe der Passphrase das Wallet nicht. Es wird einfach ein neues unsichtbares Sub-Wallet mit der falsch eingegebenen Passphrase als Zugangswort erstellt.

Solltest du dich für deren Verwendung entscheiden, musst du dir die Passphrase unbedingt merken und sicher verwahren. Sie ist ebenso wichtig wie die Seed-Phrase! Vergisst du sie, verlierst du den Zugang zum entsprechenden Wallet und allen sich darin befindenden Assets. Die Seed-Phrase und Backups sind in dem Fall nutzlos. Ohne die Passphrase können sie deine Bitcoins nicht zurückholen, weil sie den Strang, der durch die Passphrase geschützt ist, nicht wiederherstellen können. Nicht zufällig heißt es auf der Website des bekannten Wallet-Herstellers Trezor: «Die Passwortverschlüsselung fügt deiner Seed-Phrase ein zusätzliches benutzerdefiniertes Wort hinzu. Auf diese Weise kannst du auf Wallets zugreifen, die jeweils hinter einer bestimmten Passphrase verborgen sind. Vergisst du eine Passphrase, wird dein Wallet ohne Wiederherstellungsmöglichkeit verloren sein.»

Verschiedene Quellen raten, dass die Passphrase aus mindestens vier Wörtern bestehen sollte, weil sie auf diese Weise schwer genug zu erraten ist. Deren Länge wie auch die Frage, ob du sie überhaupt verwenden solltest, sind aber komplett dir überlassen. Ich persönlich beurteile meine Risikosituation so, dass ich keine zusätzliche Sicherheitshürde brauche. Auch aus Sicht der Nachlassplanung erschwert die Passphrase die Vererbung deiner Bitcoins enorm. Da Seed-Phrase und Passphrase aus Sicherheitsgründen stets getrennt voneinander aufbewahrt werden sollten, weil ein Angreifer sonst alle sensiblen Informationen beisammenhätte, müsstest du, wie du im übernächsten Kapitel sehen wirst, mindestens vier unabhängige sichere Orte finden – je einen für die Seed-Phrase und deren Kopie und je einen für die Passphrase und deren Kopie. Das würde nicht nur die Kosten deiner Nachlassplanung in die Höhe treiben, sondern auch die Komplexität unnötig erhöhen. Und wie wir wissen, ist Komplexität eine Feindin der Sicherheit.

HIERARCHIE

Eine einfache hierarchische Struktur, wie sie bei hierarchisch-deterministischen Wallets (HD-Wallets) benutzt wird, mit der Seed-Phrase als Startpunkt.

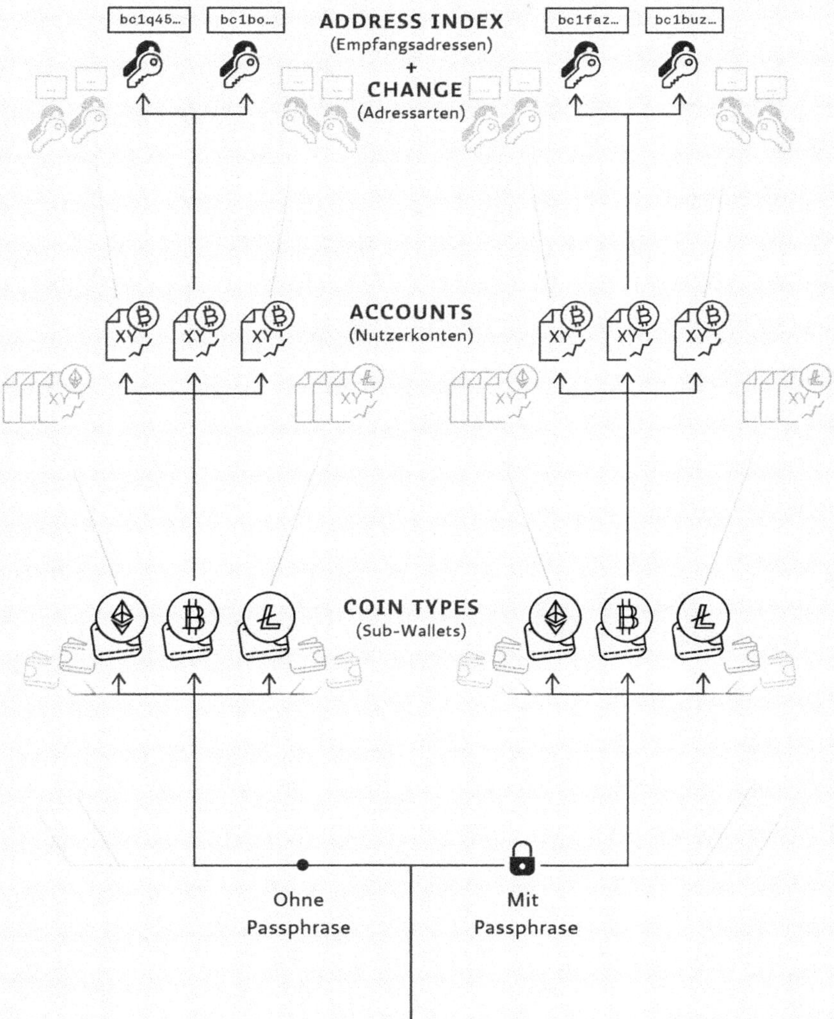

Quelle: Marc Steiner

FUNKTIONSWEISE EINES HD-WALLET IM DETAIL

Komplette Baumstruktur eines Multi-Coin-HD-Wallets einschließlich der BIPs (Bitcoin Improvement Proposals), in denen diese Struktur entwickelt wurde.

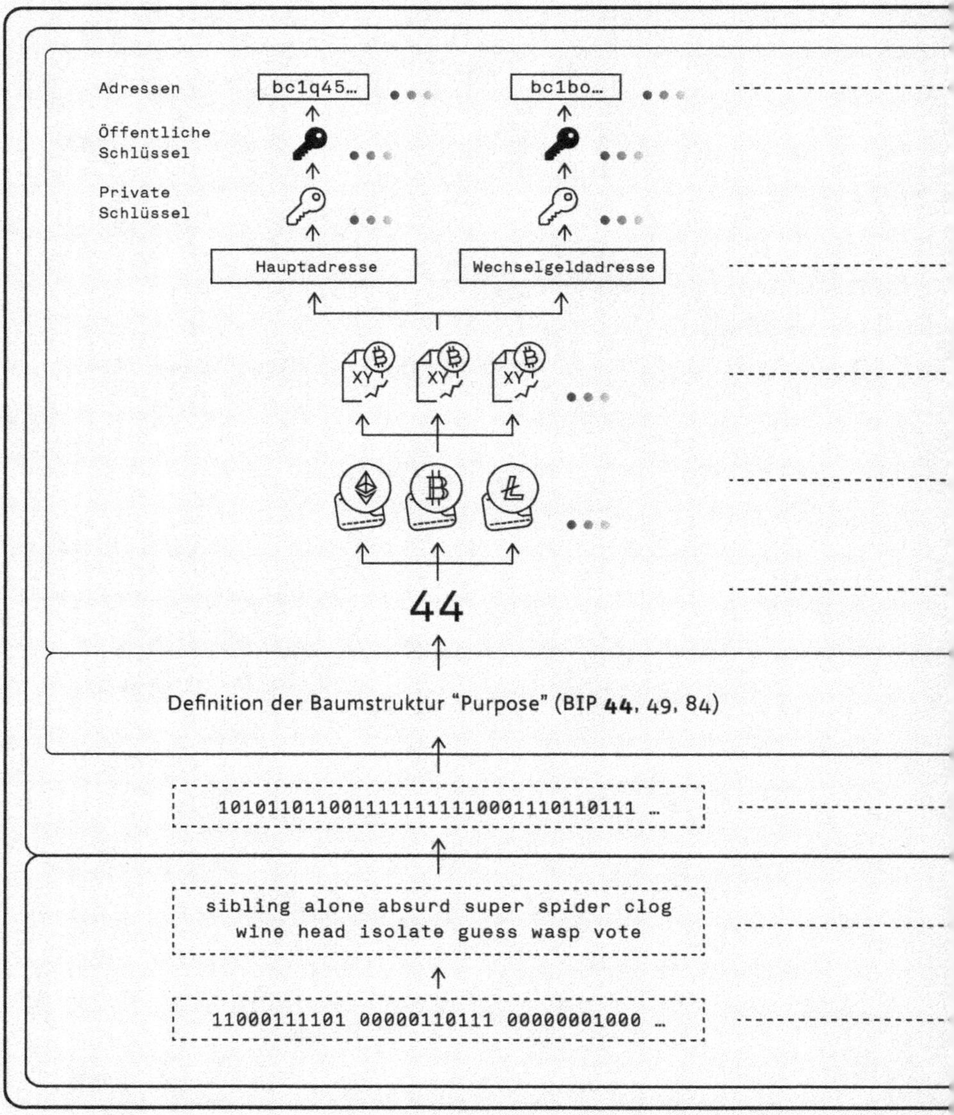

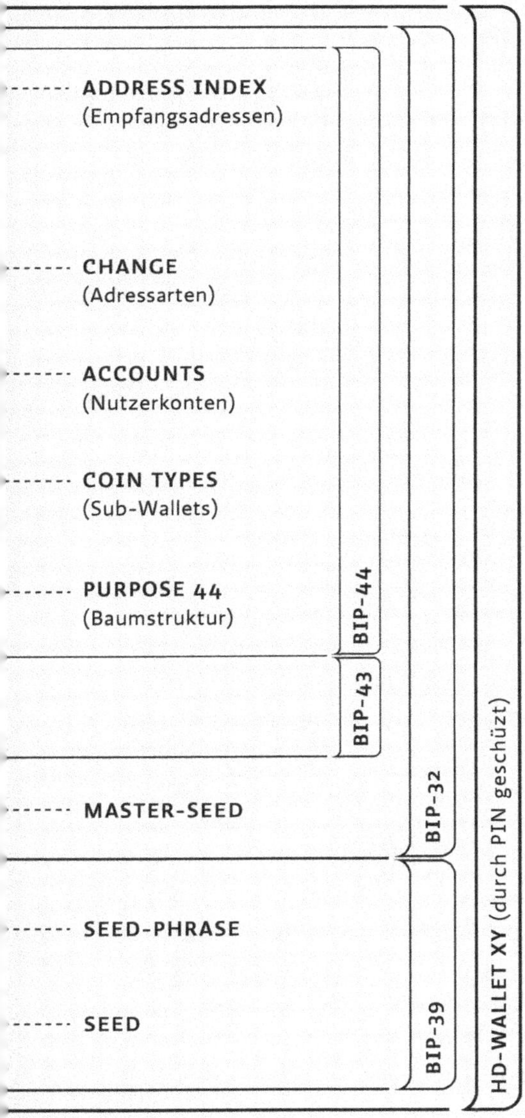

WAS IST EIN BIP?

Bei einem HD-Wallet wird aus einer binären Zufallszahl die Seed-Phrase abgeleitet, aus der ein Master-Seed gebildet wird. Basierend darauf erstellt das Wallet verschiedene Konten, Adressen und Schlüssel. Das Konzept von HD-Wallets wurde erstmals im BIP-32 vorgestellt. BIP steht für Bitcoin Improvement Proposal, die Zahl ist eine fortlaufende Nummerierung. BIP ist der Mechanismus, um neue Ideen oder Anpassungen des Bitcoin-Codes in eine verteilte Entwickler-Community einfließen zu lassen. BIP-32 schlug ein HD-Wallet-Konzept vor, bei dem aus dem binären Seed ein Datenbaum kreiert wird. Da beim Aufschreiben des binären Seeds oft Fehler unterliefen, präsentierte BIP-39 die aus 12 oder 24 Wörtern bestehende Seed-Phrase, die sich aus dem Seed ableitet. BIP-44 ermöglicht zusätzlich, HD-Wallets mit verschiedensten Coins und Konten zu erstellen, und bildet zusammen mit BIP-32 und BIP-39 die Grundlage moderner Wallets.

Quelle: Marc Steiner

FÜR GEEKS | SO ENTSTEHT DIE SEED-PHRASE

Beim Aufsetzen eines HD-Wallets erstellt die Software eine zufällige binäre Zahl, den Seed. Binär heißt, dass diese Zahl aus Nullen und Einsen besteht, den sogenannten Bits. Die Anzahl der Bits muss zwischen 128 und 256 liegen und durch 32 teilbar sein. Eine binäre Zufallszahl mit 128 Stellen könnte so aussehen:

```
0111101011011001100010100001100010100100111010111011001
0010001110001010110100101001001101111001110000110101000
111101000111100111
```

Nach Umrechnungen und der Erweiterung um die vierstellige Kontrollsumme wird die neu 132 Bit lange Kette in Gruppen von 11 Zeichen aufgeteilt:

```
01111010110   11001100010   10000110001 …
```

Jede dieser Gruppen wird dann nach gängigem Verfahren von der Wallet-Software in Dezimalzahlen umgewandelt. Für die erste Gruppe ergibt das:

```
01111010110 (binär) = 982 (dezimal)
```

Mit der Zahl 982 kannst du nun das erste Wort deiner Seed-Phrase ermitteln. Auf der englischen Wortliste der Open-Source-Plattform Github findest du an der Position 982 + 1 = 983 das Wort *kiss*. Wenn du noch nie programmiert hast, fragst du dich sicher, warum du das 983. Wort der Liste auswählen sollst und nicht das 982. Der Grund ist simpel: In der Informatik beginnt alles mit null. Auf einer Wortliste aber steht das erste Wort an der Position eins. Somit fehlt der Startpunkt null, alles ist um eine Stelle nach hinten verschoben. Um das korrekte Wort zu finden, das dem binären 01111010110 respektive dem dezimalen Seed 982 entspricht, musst du also an der 983. Stelle der Wortliste nachschauen statt an der 982. Dieser Prozess wird nun für alle binären Zahlengruppen durchgeführt, bis die komplette Seed-Phrase erstellt ist. Ein HD-Wallet erledigt die entsprechenden Operationen selbständig und automatisch. Eine 128-stellige binäre Zufallszahl entspricht einer Seed-Phrase von 12 Wörtern (128 : 11 ≈ 12), 256 Zeichen entsprechen 24 Wörtern (256 : 11 ≈ 24). Je größer die Zahl, desto schwerer ist es, die Seed-Phrase zu erraten.

Hardware-Wallets

Eine der beliebtesten Formen, seine Bitcoins zu verwahren, sind «kalte» Hardware-Wallets, Geräte also, die selten mit dem Internet verbunden sind. In Größe und Aussehen ähneln sie herkömmlichen USB-Sticks, Taschenrechnern oder Kreditkarten mit zusätzlichen Tasten oder Displays. Die meisten werden mit dem Computer über den USB-Anschluss verbunden. Je nach Typ und Variante kostet ein Hardware-Wallet zwischen 50 und 200 Euro. Ihnen wird attestiert, eine der sichersten Verwahrungsmethoden zu sein. Orbis Research hat untersucht, wie sich der Markt für Hardware-Wallets zwischen 2019 und 2024 entwickeln wird. Die Studie rechnet mit Geräteverkäufen im Wert von fast neun Milliarden US-Dollar bis Ende 2024. 2019 beliefen sich die Umsätze erst auf 100 Millionen US-Dollar.

Obwohl Prognosen immer mit Vorsicht zu genießen sind, werden Hardware-Wallets definitiv immer beliebter. Das merkt man auch daran, dass immer mehr Anbieter auf den Markt strömen. Trezor und Ledger sind die beiden Pioniere der Branche und die bekanntesten Hersteller. Interessante Lösungen bieten inzwischen auch BitBox oder Coldcard, um einige zu nennen. Kaufen lassen sich Hardware-Wallets wie üblich auf den Websites der Hersteller oder bei offiziellen Partnern. Von gebrauchten Geräten oder von unbekannten Anbietern rate ich indessen ab: Angreifer könnten Schadsoftware auf gebrauchten Hardware-Wallets installiert haben. Offizielle Händler reduzieren dieses Risiko.

Grundsätzlich machen Hardware-Wallets nichts Anderes als die übrigen Wallet-Arten: Sie verwalten deine privaten und öffentlichen Schlüssel, Transaktionen und Konten. Nur machen sie das auf eine besonders sichere Art und Weise. Wie der Anbieter Trezor zusammen mit der populären Kryptobörse Binance in einer Umfrage herausgefunden hat, rufen Angriffe über das Internet bei den Nutzern die größte Angst hervor, wie die Grafik auf der übernächsten Seite zeigt. Hier setzen die Geräte an. Sie schützen die Anwender dank ihrer Offline-Funktion (Cold Storage). Die wichtigsten

Eingaben und Interaktionen erfolgen über integrierte Displays und Tasten. Gleichzeitig kannst du in Kombination mit einer Wallet-Software auf deinem Computer oder Smartphone deine Assets sichtbar machen. Das Besondere daran: Dein Computer oder Smartphone kann mit Schadsoftware infiziert sein, dennoch sind die Daten auf dem Wallet sicher. Wie geht das?

Obwohl die Wallet-Software mit dem Hardware-Wallet kommuniziert, haben Schadprogramme keinen Einfluss auf die physischen Eingabemöglichkeiten deines Hardware-Wallets. Transaktionen werden nicht in der entsprechenden Smartphone- oder Computer-Software bestätigt (signiert), sondern durch Drücken einer physischen Taste am externen Gerät. Die Wallet-Software ist nur ein «Interface» zwischen dem Hardware-Wallet und der Blockchain. Falls das Gerät über ein Display verfügt, lässt sich darauf zudem die Korrektheit der Empfangsadresse, die Menge an versendeten Bitcoins und so weiter verifizieren. «Wenn das Display des Gerätes etwas Komisches anzeigt, verschiebe deine Investments auf einen neuen Seed», rät ein in der Szene bekannter Hardware-Wallet-Hacker mit dem Pseudonym «Lazy Ninja».

Natürlich sind auch Hardware-Wallets nicht absolut sicher. Aber um sie zu knacken, kommt man um Spezialwissen und -ausrüstung nicht herum. Zudem muss der Angreifer physischen Kontakt zum Gerät haben, um es durch Schadsoftware zu manipulieren oder die Elektronik-Chips auszutauschen – ein Aufwand, der sehr selten betrieben wird. Um einfachere Angriffe abzuwehren, zum Beispiel wenn jemand das Gerät durch Zufall in die Finger bekommt, genügt die Wallet-PIN, deren Eingabe die Geräte jeweils verlangen. Wer es noch sicherer mag, kann die Passphrase auch in Kombination mit Hardware-Wallets benutzen. Aus meiner Sicht eignen sich Hardware-Wallets nicht nur für die Verwahrung, sondern auch hervorragend für deine Nachlassplanung. Neben Bitcoin-Only-Geräten gibt es mittlerweile auch solche, die verschiedene Kryptoprotokolle unterstützen. Zusätzlich zur hohen Sicherheit und Schutz vor Fernangriffen ist die Benutzerfreundlichkeit inzwischen sehr hoch. Da die Entwicklung mit Siebenmeilenstiefeln voranschreitet, verzichte ich an dieser Stelle auf die Empfehlung eines bestimmten Geräts oder Modells: Es könnte bereits übermorgen veraltet sein. Allgemein lässt sich trotzdem sagen, je länger ein Gerät auf dem Markt ist, desto sicherer ist es. Grund dafür sind die zahlreichen, regelmäßig stattfindenden Sicherheitsüberprüfungen.

ANGRIFFSSZENARIEN AUF KRYPTOWÄHRUNGEN

Wovor fürchten sich Bitcoinnutzer am meisten? Die Umfrageergebnisse zeigen, dass ein Angriff aus der Ferne (Remote Attack) die größten Sorgen bereitet.

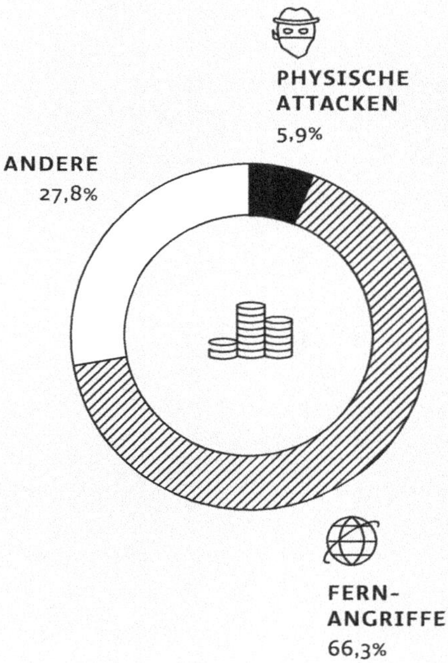

Quelle: SatoshiLabs

Wenn du Hardware-Wallets verwendest, denke bitte daran, deinen Erben im Nachlassplan zusätzliche Informationen zu deiner Hardware mitzuliefern und, wenn möglich, auch das Gerät selbst, um Verwechslungen und physische Manipulationen durch Angreifer zu vermeiden. Erstens helfen die Informationen ihnen, mit dem Gerät zurechtzukommen. Zweitens kann das Wissen über die verwendeten Geräte hilfreich sein, um die hierarchische Struktur des HD-Wallets nachzuvollziehen, falls es den Hersteller irgendwann nicht mehr geben sollte. Mein Hilfstool unterstützt dich bei der Informationsvergabe. Es strukturiert alle wichtigen Daten, bietet Platz für deine Seed-Phrase, Wallet-PIN, Passphrase und liefert Zusatzmaterial wie Gerätebilder, Modellbezeichnung, Website des Anbieters etc. Das vereinfacht deine Nachlassplanung enorm und erleichtert den Zugriff für deine Erben. Falls du mein Hilfstool aus irgendeinem Grund nicht nutzen willst, solltest du deinem Nachlassplan folgende Informationen hinzufügen:

- Bild und Modellbezeichnung des Geräts
- Ablageort des Geräts
- Nummern oder Namen, falls du mehrere Geräte verwendest
- offizielle Website des Herstellers
- Wallet-PIN und Passphrase, falls du letztere verwendest
- Ablageort der Seed-Phrase

Hardware-Wallets sind eine der besten Varianten, um deine Bitcoins zu verwahren. Sie bieten einen guten Mix aus Sicherheit und Benutzerfreundlichkeit. Achte darauf, dass du deinen Erben genügend Informationen mitgibst. Zwingend sind Seed-Phrase und Passphrase, sofern du eine verwendest. Ebenso wichtig ist die Wallet-PIN, falls du das Gerät mitlieferst. Verwende bei der Nachlassplanung nicht mehr als zwei Hardware-Wallets. Sonst machst du es unnötig komplex und aufwendig für die Erben, auf deine Bitcoins zuzugreifen.

Software-Wallets

Hardware-Wallets sind insbesondere für die langfristige Aufbewahrung von Bitcoins gedacht. Deshalb eignen sie sich auch für die sichere Vererbung deiner Assets am besten. Für das einfache und schnelle Handeln dagegen sind Software-Wallets besser. Das sind Programme zum Verwalten von Bitcoins auf einem Computer, Smartphone oder Server. Deshalb teilt man sie auch in Desktop-Wallets, Mobile-Wallets und Web-Wallets ein. In ihren Kernfunktionen unterscheiden sich Software-Wallets kaum von ihren Hardware-Verwandten. Auch sie arbeiten nach dem HD-Standard, sprich: Bei der Installation erhältst du vom Wallet eine Seed-Phrase, die du dir notieren musst, um das System später, wenn nötig, wiederherstellen zu können – du erinnerst dich. Falls du die Seed-Phrase nicht bekommen hast, musst du danach in den Einstellungen deiner App suchen oder ein manuelles Backup erstellen und verschlüsseln.

Den wichtigsten Unterschied zu Hardware-Wallets dürftest du bereits ahnen: Software-Wallets sind in der Regel Hot-Wallets. Zwingend ist das nicht, schließlich kann man ein Wallet auch auf einem Computer betreiben, der niemals online geht. In Wirklichkeit dürfte das aber nicht so häufig vorkommen. Bei unseren Überlegungen gehen wir davon aus, dass Software-Wallets «hot», also zumeist online, sind. Das macht sie angreifbarer als ihre Hardware-Pendants. Verwendest du solche Wallets, musst du darauf achten, dass deine Sicherheitskonzepte auf Computer und Smartphone einwandfrei sind – Wallet-Programme ziehen Hacker aus naheliegenden Gründen magisch an. Im nächsten Kapitel gehe ich ausführlich auf das Thema IT-Sicherheit ein und zeige dir, wie du mit einfachen Mitteln deine Systeme sicherer machen kannst. An dieser Stelle möchte ich dir nochmals die gängige Regel aus der Bitcoinszene in Erinnerung rufen, die besagt, dass du nur kleine Mengen deiner Investments auf Software-Wallets verwahren solltest. Im Grunde nur gerade so viel oder wenig, wie du auch im Alltag an Bargeld in deinem Portemonnaie herumtragen würdest.

«Analoge» Wallets

Alle Wallets sind grundsätzlich nur Informationsspeicher für deine privaten und öffentlichen Schlüssel. Statt Hardware- oder Software-Wallets zu benutzen, ist es deshalb selbst in unserer hochgradig digitalisierten Welt denkbar, die Schlüssel auf allen erdenklichen physischen Materialien festzuhalten: in den Kissenbezug sticken, ins Glas ritzen oder auch auf den Körper tätowieren. Historisch hat sich, wenig überraschend, Papier als «analoges» Wallet-Medium durchgesetzt. Bevor die ersten HD-Wallets aufkamen, war es viele Jahre lang die gängigste Möglichkeit, Schlüssel «kalt», also offline, aufzubewahren. Wer ein gutes Gedächtnis hat, kann die Schlüssel theoretisch auch auswendig lernen, also quasi im Gehirn «speichern». Spätestens wenn man die Assets verschicken oder liquidieren möchte, benötigen aber auch analoge Wallets ein digitales Interface.

Papier-Wallets

Um ein Wallet aus Papier (Paper-Wallet) zu kreieren, genügt es, die Empfangsadresse und den dazugehörigen privaten Schlüssel auf ein Stück Papier zu schreiben oder, wie rechts abgebildet, als QR-Code auszudrucken. Letzteren kannst du auf verschiedenen Websites erstellen. Aber Achtung: Nutze diese Seiten nur offline und beachte meine IT-Sicherheitstipps aus dem nächsten Kapitel. Und schon bist du fertig. Im ersten Moment mutet es höchstseltsam und anachronistisch an: Auf einem winzigen Zettel kannst du jeden noch so großen Betrag – ja, auch umgerechnet 100 Millionen US-Dollar – aufbewahren. Keine andere Wallet-Art kann deine Assets derart gut vor Hackern schützen wie dieses Stück Papier. Verlierst du es aber oder frisst es dein Hund, sind auch deine Coins und Tokens weg – nicht anders als das beim Bargeld der Fall wäre. Wenn du deine Bitcoins auf Papier aufbewahren willst, ist es deswegen ratsam, mehrere Kopien anzufertigen und an verschiedenen Orten zu verstecken. Sonst kann ein Hausbrand oder ein

PAPIER-WALLET

Ein Papier-Wallet enthält einen privaten Schlüssel und die dazugehörige Empfangsadresse. Man kann sie aufschreiben oder als QR-Codes aufbereiten und ausdrucken.

PRIVATER SCHLÜSSEL – GEHEIM
(WIF - zum Importieren geeignet)

L3LXzUcZzw9hjv65fTpMCVfwwzt4EAc9xHJcw4QmbL9F6L38on9G

BITCOIN-ADRESSE – ÖFFENTLICH

16nohxJNiipiU9UzRhKoriTBDpNccPduVS

Quelle: Marc Steiner

GESAMTÜBERBLICK WALLETS

Nicht jedes Wallet ist für jede Anwendung geeignet. «Kalte» Hardware-Wallets eignen sich besonders gut für die Nachlassplanung, «heiße» Software-Wallets für Transfers.

	Hardware-Wallet *Physisches Gerät*	**Software-Wallet offline** *Desktop App*	**Software-Wallet online** *Desktop, Mobile, Web*	**Analoge Wallets** *Papier, Gehirn*
TECHNIK				
Cold Wallet	X	X		X
Hot Wallet			X	
Autom. Seed-Phrase	X	X	X	
Autom. Schlüsselpaare	X	X	X	
Optionale Passphrase	X	X	X	
ANWENDUNG				
Ausführungen mit Multi-Coin-Funktion	X	X	X	(X)
Einfaches Backup dank Seed-Phrase	X	X	X	(X)
Sicherheit vor Hackerangriffen	hoch	hoch	tief	hoch
Benutzerfreundlichkeit	normal	hoch	hoch	tief
Preis	normal	normal	tief	tief
Inbetriebnahme	einfach	schwer	einfach	normal
EIGNUNG				
Langfristiges Verwahren und Vererben	X	X		X*
Täglicher Gebrauch wie Bargeld			X	

* Ausgenommen Brain Wallets, Quelle: Marc Steiner

Rohrbruch auch dein gesamtes Kryptovermögen auslöschen. Zudem lassen sich Papier-Wallets entweder gar nicht oder nur sehr kompliziert verschlüsseln. Das heißt, jeder, der sie findet, kann problemlos deine kostbaren Bitcoins stehlen. Natürlich kannst du dir für diesen Fall eine komplizierte Verschlüsselung ausdenken. Bedenke aber, dass sie nach deinem Ableben deine Erben zur Verzweiflung oder gleich zur Aufgabe treiben könnte. Auch lassen sich Bitcoins von Papier-Wallets nur schwer einlösen. Erst musst du die gesamte auf Papier verwahrte Summe an ein Hard- oder Software-Wallet schicken, selbst wenn du nur einen kleinen Teil deiner Assets transferieren willst. Besonders für unerfahrene Erben potenziert sich auf diese Weise die Gefahr, einen schwerwiegenden Fehler zu machen, der sich nicht mehr rückgängig machen lässt (Stichwort: «Change Address»-Problem). Für mich persönlich sind solche Wallets nichts: Herstellung, Verwahrung und das Einlösen sind aus meiner Sicht zu fehleranfällig.

Brain-Wallets

Du kannst die privaten Schlüssel, jeweils bis zu 64 Zahlen und Buchstaben, oder die Seed-Phrase deines HD-Wallets, also die 12 oder 24 zufälligen Wörter, auch in deinem Gehirn «speichern», indem du sie auswendig lernst. In einem solchen Brain-Wallet lässt sich beliebig viel Geld transportieren, wenn nötig auch über Landesgrenzen hinweg. Klingt erst einmal spannend und ist auch sehr sicher vor Hacker-Angriffen. Trotzdem rate ich dir, die Brain-Wallets schnell wieder zu vergessen. Erinnerst du dich noch? Bei der Seed-Phrase etwa ist nicht nur die richtige Reihenfolge der Wörter, sondern auch deren Schreibweise wesentlich. Ein einziger Fehler oder ein vergessenes Wort und der Zugang ist für immer weg. Zudem kannst du deine Gedanken nur schlecht vererben. Für deine Nachlassplanung sind Brain-Wallets also denkbar ungeeignet.

Auf einen Blick

- Wallets regeln den Zugriff auf Coins und Tokens in der Blockchain.
- Nutze HD-Wallets mit einer Seed-Phrase als Backup-Mechanismus.
- Halte deine Seed-Phrase, Wallet-PIN und Passphrase streng geheim.
- Hardware-Wallets gelten als sehr sichere Wallets. Sie eignen sich für die Nachlassplanung am besten.
- Transferiere auf Software-Wallets nur Summen, die deinem täglichen Verbrauch entsprechen.
- Vergiss Papier- und Brain-Wallets – zu unsicher!

Zusätzliche Informationen rund um Wallets einschließlich Empfehlungen.

KAPITEL

5

MACHE DEINE IT SICHER

Wenn du deine eigene Bank sein willst, musst du deine IT im Griff haben. Hier erfährst du, wie du die Sicherheit deines Computers und Smartphones verbessern kannst. Die Tipps, die ich dir gebe, sind sicher nicht abschließend. Mir ist vor allem wichtig, dass du ein Gespür für das Thema entwickelst, damit du Bitcoins sicher handeln, verwahren und eines Tages vererben kannst.

Verwende aktuelle Software

Du weißt jetzt, was Wallets sind, wie sie funktionieren, welche Arten es gibt, und kennst ihre jeweiligen Stärken und Schwächen. Damit sie deine Bitcoins jederzeit sicher verwahren, gilt es nun, deine Geräte und Software insbesondere vor Angriffen aus dem Internet zu schützen. Es lohnt sich, schließlich geht es hier um nichts Geringeres als dein wertvolles Erbe. Als ich vor einigen Jahren anfing, mich mit dem Bitcoin zu beschäftigen, nahm parallel auch mein Interesse an der IT-Sicherheit zu. Als meine eigene Bank wollte ich «alles richtig machen». Also besorgte ich mir nicht nur Bücher über den Bitcoin, sondern auch eine umfassende Literatur zu Sicherheit und Gefahren im Netz. In «Click Here To Kill Everybody» schreibt der renommierte Sicherheitsexperte Bruce Schneier, dass heutzutage jedes Gerät gehackt werden könne. Software- und Hardware-Wallets sind da leider keine Ausnahmen. Es komme einfach darauf an, wie viel Aufwand ein Angreifer betreiben kann und will, so Schneier. Jeder «Hack» hat also seinen Preis. Als Anwender, der in puncto IT-Sicherheit «alles richtig machen» möchte, besteht meine wichtigste Aufgabe darin, diesen Preis so hoch wie nur möglich zu treiben, damit sich der Aufwand für den Angreifer nicht mehr lohnt. Auf den folgenden Seiten habe ich einige Grundlagen für dich zusammengetragen. Dazu gehört zuallererst der richtige Umgang mit deinem Computer und Smartphone. In den meisten Fällen ist es nämlich menschlicher Leichtsinn, der zu schmerzlichen Verlusten führt.

Das Einfachste, aber nicht minder Wichtige zuerst: Halte deine Software immer auf dem neuesten Stand! Jedes Update schließt Sicherheitslücken im Betriebssystem, egal ob es sich nun um dein Smartphone, deinen Computer, dein Software- oder Hardware-Wallet handelt. Dadurch kannst du verhindern, dass sich beim Besuch dubioser Websites auf deinem Smartphone oder Computer heimlich Schadsoftware installiert, zum Beispiel ein Keylogger. Unbemerkt speichert er sämtliche Tastatureingaben und leitet sie an Dritte weiter. So können Angreifer in den Besitz deiner Seed-Phrase,

Passphrase oder Wallet-Passwörter gelangen. Bei Hardware-Wallets kann eine Schadsoftware beispielsweise versuchen, die Transaktionen zwischen dem physischen Gerät und der Software auf dem Computer zu manipulieren. Durch regelmäßige Updates senkst du die Erfolgswahrscheinlichkeit solcher Attacken signifikant. Anti-Viren-Programme sowie Firewalls können ebenfalls nicht schaden. Smartphones gelten übrigens als sicherer im Vergleich zu Desktop-Computern, weil es auf den mobilen Geräten nicht ganz so einfach ist, privilegierte Root-Rechte zu erhalten und so unbemerkt auf das Telefon zuzugreifen.

Am meisten über IT-Sicherheit lernst du, indem du selbst ausprobierst und neue Lösungen anwendest. Den Einstieg in das Thema haben mir seinerzeit Bücher erleichtert. Du wirst staunen, wie viele spannende und hilfreiche Nachschlagewerke es zum Thema IT-Sicherheit auf dem Markt gibt. Einige von ihnen wurden sogar von früheren Hackern geschrieben.

Erstelle sichere Passwörter

Jedes Wallet benötigt eine Form von Passwort, das du selber setzen musst. Bei Hardware-Wallets ist es die Wallet-PIN, die nur aus Zahlen besteht, und gegebenenfalls die Passphrase, die sich aus mehreren Wörtern oder Zeichen zusammensetzt. Bei Software-Wallets ist es in der Regel ein aus Zahlen, Buchstaben und Sonderzeichen gemischtes Passwort. Wenn du softwarebasierte Wallets zur Verwahrung und Vererbung deiner Bitcoins nutzt, kommst du wohl oder übel nicht darum herum, ein starkes Passwort zu erstellen. Wie man das macht, ist eine Wissenschaft für sich, die in Foren und Unmengen von Nachschlagewerken teils hitzig diskutiert wird. Der Klassiker unter den Tipps lautet: Ein starkes Passwort ist acht bis zehn Zeichen lang und setzt sich aus kleinen und großen Buchstaben, Sonderzeichen und mindestens einer Zahl zusammen. Klingt erstmal einleuchtend. Trotzdem können diese Anforderungen einen schnell überfordern.

Dass sich der Aufwand dennoch lohnt, zeigt die Tabelle rechts. Sie bietet eine gute Übersicht, wie ein starkes Passwort aussieht und wie hoch die Kosten sind, es heute und in Zukunft zu knacken. Wie etwa Hacker dabei vorgehen und woran sie sich die Zähne ausbeißen, erfährst du in der Geek-Info auf Seite 80. Nimm dir also Zeit, ein starkes Passwort zu erstellen. Schließlich geht es um dein Erbe, das du absichern musst. Beim Bitcoin rate ich dir, die wichtigsten Passwörter von Hand, also offline, aufzuschreiben und an einem sicheren Ort zu verwahren – wie du das machst und was sichere Orte sind, erfährst du im nächsten Kapitel. Weshalb ich bei hochsensiblen Daten von den üblichen Passwort-Managern abrate, erläutere ich im nächsten Abschnitt. Auch dass Passwörter nicht auf Post-its gehören, die du dann für alle sichtbar an deinen Computerbildschirm klebst, versteht sich von selbst. Dasselbe gilt für Screenshots. Bequemlichkeit in Ehren, aber mache bitte niemals Fotos von deinen Wallet-Zugängen wie PINs, Seed-Phrase oder Passphrase und speichere sie auch nie unverschlüsselt in der Cloud. Leider kommt das immer wieder vor, nicht selten mit fatalen Folgen.

PASSWORT-SICHERHEIT

Varianten von Passwörtern und die geschätzten Kosten, sie heute und im Jahr 2030 zu knacken

Passwortlänge				**Angriffskosten in Mio. USD**	
Nur Kleinbuchstaben (a-z)	**Kleinbuchstaben und Zahlen (a-z, 0-9)**	**Klein- und Großbuchstaben und Zahlen (A-Z, a-z, 0-9)**	**Korrekter Englischer Satz**	**2019**	**2030**
11 Zeichen	10 Zeichen	9 Zeichen	9 Wörter	12,8	0,1
12 Zeichen	11 Zeichen	10 Zeichen	10 Wörter	128	1
13 Zeichen	12 Zeichen	11 Zeichen	11 Wörter	12 800	100
14 Zeichen	13 Zeichen	12 Zeichen	12 Wörter	128 000	1 000

Quelle: SatoshiLabs

FÜR GEEKS | PASSWÖRTER KNACKEN

Nehmen wir an, wir müssen ein 10-stelliges Passwort setzen, inklusive Sonderzeichen, Groß- und Kleinschreibung, Satzzeichen und Ziffern. All diese Zeichen ergeben zusammen eine Gesamtauswahl von etwa 100 verschiedenen Zeichen. Das heißt, wir müssen aus den 100 möglichen Zeichen für unser Passwort 10 auswählen. Wir wählen als Passwort: **123abcABC!** Wie viele Kombinationsmöglichkeiten hätten wir zur Verfügung? Man berechnet deren Anzahl wie folgt:

$$\text{Anzahl Kombinationsmöglichkeiten} = \text{Anzahl möglicher Zeichen}^{\text{Länge des Passworts}}$$

Bei 100 möglichen Zeichen und 10 geforderten Stellen erhalten wir in unserem Fall: 100^{10} = 100 000 000 000 000 000 000 Kombinationsmöglichkeiten. Das sind 100 Trillionen oder auch 10 Milliarden mal 10 Milliarden. Eine riesige Zahl! Wie wir gesehen haben, arbeiten Computer mit der Binärsprache (0 oder 1), die kleinste Recheneinheit heißt Bit. Wir rechnen die Anzahl der Kombinationsmöglichkeiten in Zweierpotenzen um und erhalten $log_2(100^{10})\approx 66$. Das bedeutet, dass die errechneten 100^{10} Möglichkeiten ungefähr 2^{66} entsprechen. Wir haben also eine sogenannte Entropie erhalten, die 66 Bit stark ist. Entropie ist ein Kunstwort in der Informatik und dient als Maß für den Informationsgehalt eines Zeichensystems. Je höher diese Zahl, desto höher ist die «Informationsdichte» des Passworts, desto schwieriger ist es zu knacken. Was kannst du nun aus der Zahl 66 ablesen? Wir nehmen an, es bräuchte 4 Monate, um unser Passwort mit der Entropie von 66 zu knacken. Dauert es entsprechend die Hälfte der Zeit, um ein halb so langes Passwort mit der Entropie von 33 zu erraten? Ein halb so langes Passwort ergibt zwar die Hälfte der Entropie $log_2(100^5)\approx 33$. Der Rechenaufwand reduziert sich aber nicht auf die Hälfte, sondern um ein Vielfaches, weil Computer nicht linear arbeiten. Dies wirkt sich entsprechend verkürzend auf die Rechenzeit aus, wenn man ein Passwort knacken will. Auf der Website https://random-ize.com/how-long-to-hack-pass kann man testen, wie lange es dauert, bis ein Passwort geknackt ist. Für das 10-stellige Passwort **123abcABC!** braucht es 57 337 Jahre, das 5-stellige Passwort **123ab** dagegen ist in weniger als 1 Sekunde geknackt! Heutzutage gelten Passwörter mit mindestens 8-10 Zeichen als einigermaßen sicher. In der Zukunft werden Passwörter wohl länger werden müssen, weil sich die Rechenleistung der Computer, die die verschiedenen Kombinationen durchprobieren, erhöht.

Richte 2-Faktor-Authentifizierung ein

Digitale Kryptobörsen (Exchanges) eignen sich dafür, Bitcoins zu kaufen oder zu verkaufen. Zur sicheren Verwahrung oder gar Vererbung sind sie dagegen definitiv nicht geeignet. Falls du trotzdem einige Bitcoins auf solchen Exchanges «geparkt» haben solltest, möchte ich dir an dieser Stelle die 2-Faktor-Authentifizierung (2FA) ans Herz legen. Hierbei handelt es sich um einen optionalen, zusätzlichen Schutzmechanismus, der den Zugang zu deinem Account erst gewährt, wenn zwei voneinander unabhängige Faktoren oder Merkmale der Authentifizierung überprüft und bestätigt wurden. Andernfalls erhält man keinen Zugriff – weder du noch ein potentieller Dieb. Der erste Faktor ist in der Regel das Login-Passwort. Der zweite Faktor ist ein temporärer Zugangscode, der auf einem anderen, unabhängigen Gerät erzeugt wird und zusätzlich zum Login-Passwort auf der Website eingegeben werden muss. Der temporäre Code wird von den meisten Nutzern in einer Smartphone-App generiert. Die bekanntesten Authentifizierungs-Apps sind Google Authenticator und Authy. Um die 2-Faktor-Authentifizierung zu nutzen, musst du sie herunterladen und die 2FA-Funktion in den Einstellungen deines Exchange-Zugangs aktivieren. Dann wirst du Schritt für Schritt durch den Einstellungsprozess geleitet.

Vergiss nicht, ein Backup deiner 2FA-App zu erstellen! Verlierst du nämlich dein Smartphone und hast kein Backup, musst du dir deine Zugänge von der Börse entsperren lassen – was ein äußerst mühsamer Prozess sein kann. Für die Aufbewahrung der Exchange-Zugänge und des Backups der 2FA-Daten nutze ich eine Passwort-Manager-App. Solche Programme – ich empfehle 1Password oder KeePass – helfen zudem, starke Login-Passwörter zu erstellen. So nehmen dir Passwort-Manager viel mühsame Arbeit ab. Am Ende brauchst du dir nur noch ein starkes Masterpasswort für den Zugang zum Passwort-Manager zu merken statt mehrere einzelne Passwörter. Oder du verzichtest ganz auf das Masterpasswort und arbeitest mit biometrischen Daten wie Fingerabdruck oder Gesichtserkennung.

Den Passwort-Manager empfehle ich dir nur für Kryptobörsen, auf denen du keine großen Beträge hortest. Wie weiter vorne bereits angedeutet, rate ich dir eindringlich davon ab, sensible Informationen wie etwa die Seed-Phrase oder Passphrase deines Wallets in einem Passwort-Manager auf deinem tagtäglich genutzten Smartphone oder Computer zu speichern. Sollte dein Computer oder Smartphone nämlich mit einer Schadsoftware infiziert sein, zum Beispiel dem bereits mehrfach erwähnten Keylogger-Programm, das deine Tastatureingaben überwacht, bringen dir Passwort-Manager herzlich wenig. Oder sie führen sogar zum Gegenteil: Wie auf einem silbernen Tablett servieren sie den Angreifern alle deine sensiblen Informationen und machen es ihnen allzu leicht, deine Bitcoins zu stehlen.

Kein Anti-Spyware-Programm, keine Firewall und auch kein Virusscanner kann deine Geräte komplett vor Schadsoftware schützen. Als deine eigene Bank solltest du deshalb darauf achten, wie du dich im Internet verhältst, welche Seiten du aufrufst, welche Links du anklickst und welche Dateien du herunterlädst.

Nutze Offline-Systeme oder Tails OS

Wenn du deine Seed-Phrase, Passphrase oder Passwörter elektronisch sicher verwahren willst, empfehle ich dir, dafür Offline-Geräte zu nutzen. Also ein Offline-Smartphone oder einen Computer, der niemals ans Internet angeschlossen wird. Auf diese Weise verhinderst du, dass Schadsoftware auf deinem Gerät installiert wird oder Unbefugte über das Internet darauf zugreifen. Diese Form der Aufbewahrung ist verhältnismäßig sicher, aber auch entsprechend unbequem: Software-Wallets, Passwort-Manager-Apps oder sonstige Dateien können nicht eben mal schnell heruntergeladen werden, sie müssen auf einem anderen Weg auf dein Offline-Gerät gelangen. Konkret läuft es darauf hinaus, dass du die benötigten Apps und Dateien auf einem Online-Gerät herunterlädst und sie dann mittels USB-Stick oder SD-Karte auf Offline-Computer oder -Smartphone überträgst. Ich empfehle diese Methode nur Personen, die einerseits besondere Sicherheitsansprüche an die Verwahrung ihrer Bitcoins stellen und andererseits sich der Aufgabe auch gewachsen fühlen.

Eine kostenlose Alternative zu Offline-Geräten ist das Open-Source-Tool Tails OS (https://tails.boum.org/). Die Entwickler dieses reduzierten Betriebssystems haben sich der Privatsphäre und Anonymität verschrieben. Gestartet wird das Programm auf einem USB- Stick, der an deinen normalen Online-Computer angeschlossen ist. Dabei wird eine parallele, sichere und vom potentiell mit Schadsoftware infizierten Online-Computer getrennte Arbeitsumgebung gestartet, mit Programmen zur sicheren Kommunikation und Verschlüsselung. In dieser Arbeitsumgebung laufen deine Apps, beispielsweise Software-Wallets, geschützt ab. Um die gleiche Sicherheit wie bei einem Offline-Computer zu erreichen, kannst du für Tails OS alle externen Netzwerkverbindungen trennen und dadurch komplett offline arbeiten. Tails OS hat noch weitere interessante Funktionen: So beinhaltet es beispielsweise eine Open-Source-Verschlüsselungssoftware und löscht beim Herunterfahren sämtliche Spuren der beendeten Sitzung. Wenn du bei der

Bitcoinverwahrung und -vererbung mit digitalen Dateien arbeiten willst, möchte ich dich ermutigen, dir diese Variante näher anzuschauen.

Verschlüssle deine Daten

Wenn du sensible Informationen wie die Seed-Phrase, Passphrase, PINs oder Passwörter auf solchen von Attacken aus dem Internet geschützten Offline-Geräten speichern willst, ist es trotzdem wichtig, die Dateien zu verschlüsseln. Das bedeutet, dass nur Zugriff auf die Daten hat, wer im Besitz des Entschlüsselungspassworts ist. Dank Open-Source-Verschlüsselungsprogrammen wie VeraCrypt, USBCrypt oder CryptSync, die von einer aktiven Gemeinschaft auf Sicherheitslücken und Codefehler geprüft wurden, gelingt Verschlüsselung heutzutage per Mausklick. Falls du Informationen für deine Erben verschlüsselst, solltest du aber nicht vergessen, in deinem Nachlassplan zu erwähnen, mit welcher Software deine Erben die Dateien wieder entschlüsseln können und wie das Masterpasswort zur Entschlüsselung lautet.

Dank der Blockchain bist du Herr über dein eigenes Geld. Verhalte dich auch entsprechend und mache dir Gedanken, wie du deine IT sicher nutzt und deine sensiblen Daten schützt. Wenn du deine Bitcoins sicher verwahrst, dürfte es dir auch wesentlich leichter fallen, sie eines Tages zu vererben.

Auf einen Blick

- Führe regelmäßig Updates deiner Software und Geräte durch.
- Ein sicheres Passwort hat eine Länge von mindestens acht Zeichen.
- Nutze bei Kryptobörsen immer die 2-Faktor-Authentifizierung per App.
- Sensible Informationen solltest du nie im Passwort-Manager speichern, fotografieren oder Screenshots von ihnen anfertigen.
- Digitale Dateien solltest du in jedem Fall verschlüsseln.
- Offline-Computer oder das externe Betriebssystem Tails OS sind gute Werkzeuge, um digitale Sicherungen zu erstellen.

Mehr zu Privatsphäre im Internet und sicherer IT.

KAPITEL

6

SETZE DEINEN NACHLASSPLAN UM

Nach den Vorarbeiten geht es nun ans Eingemachte. In den nächsten beiden Kapiteln lernst du, wie du deinen persönlichen Bitcoin-Nachlassplan erstellst, vor Umwelteinflüssen und Dieben geschützt aufbewahrst und deine Erben richtig informierst. Ich zeige dir verschiedenste Möglichkeiten und Methoden auf, wie du vorgehen kannst, und stehe dir mit praktischen Tipps und Tricks zur Seite.

In drei Schritten zum Ziel

Nachdem ich mit meinem ersten Nachlassplan kläglich gescheitert war, wollte ich es beim zweiten Mal besser machen. Diesmal ging ich systematisch vor und nahm mir dafür auch genügend Zeit. Ich achtete darauf, dass ich ausschließlich in geistig wachem Zustand an die Arbeit ging. Schließlich erfordert die Nachlassplanung höchste Konzentration. Aufgrund von Müdigkeit übersieht man dagegen wichtige Details. Möglicherweise schleichen sich fatale Fehler ein – das Englische kennt dafür den Begriff «Process Fatigue», zu Deutsch Prozessmüdigkeit. Dem wirkte ich entgegen, indem ich gestaffelt vorging, die Aufgabe in einzelne Schritte unterteilte und das Ergebnis nach einer gewissen Zeit, in meinem Fall nach sechs Monaten, nochmals kritisch überprüfte.

Für mich hat sich die Nachlassplanung in drei Schritten bewährt. Dieses Vorgehen möchte ich nun auch dir ans Herz legen. Im ersten Schritt geht es um die Strategie. Du musst dir systematisch überlegen, welchen Weg du gehen willst. Arbeitest du mit Custodial- oder Non-Custodial-Wallets? Welche Assets platzierst du auf welchen Wallets? Welche Inhalte und Informationen müssen zwingend in den Nachlassplan einfließen? Welche Orte für die Verwahrung kommen für dich infrage? Wie verhält sich dein Nachlassplan zum Testament, sind sie verknüpft oder haben sie nichts miteinander zu tun? Welche Vertrauensperson oder -personen können deinen Erben helfen? Wer soll überhaupt dereinst deine Bitcoins erben? Insbesondere die letzte Frage ist sowohl juristisch als auch strategisch alles andere als trivial, wie du weiter hinten noch sehen wirst. Wer auch immer deine Assets erben soll, muss in geeigneter Form zum richtigen Zeitpunkt über den Nachlassplan informiert werden. Auch dafür gibt es verschiedene Methoden, die ich noch im Detail erläutern werde. Du musst dir aber jetzt schon überlegen, wie gut sie sich in das Thema einarbeiten können und wie technikaffin sie sind. Mir persönlich haben solche Überlegungen sehr geholfen, den richtigen Mix zwischen Sicherheit und Benutzerfreundlichkeit zu finden.

Mein anfänglicher Fehler war, meinen Erben allzu kryptische, technische Informationen zur Verfügung gestellt zu haben. Inzwischen bin ich überzeugt, dass man mit Kontext anstelle von übermäßiger Technik schneller und effektiver ans Ziel gelangt. Natürlich dürfen Seed-Phrasen und Passwörter im Nachlassplan nicht fehlen. Aber aus Gesprächen mit meinen künftigen Erben habe ich gelernt, dass man mit Zugangsdaten ohne Kontext das Leben seiner Erben nur noch mehr erschwert und sehr viel wahrscheinlicher mit der Nachlassplanung scheitert. Das kostenlose Hilfstool zu diesem Buch enthält neben Leerfeldern, in die du deine sensiblen Daten eintragen kannst, auch solche erklärenden Textpassagen. Sie stellen sich, dass folgende Punkte in deinem Nachlassplan nicht fehlen:

- Informationen zu deinen Assets
  - Welche Assets besitzt du?
  - Wo sind sie zu finden?

- Informationen zu deinen Wallets und Geräten
  - Welche Wallets und Geräte hast du?
  - Wo sind die Wallets und Geräte zu finden?
  - Wie lauten die Zugriffsinformationen wie Passwörter, Benutzernamen, Wallet-PINs und Seed-Phrasen?
  - Welche Software-Tools hast du benutzt?
  - Falls die Daten auf einem Smartphone oder Computer gespeichert sind, wie logge ich mich in diese Geräte ein?

- Informationen zu vertrauenswürdigen Personen
  - Wer sind diese Personen?
  - Wieso hast du genau diese Personen ausgesucht?
  - Wie lassen sie sich kontaktieren?

- Ein Begleitschreiben
  - Wo befinden sich Kopien oder, falls du ihn aufgeteilt hast, andere Teile deines Nachlassplans?
  - Allgemeine Informationen über deine Assets und wie sie liquidiert werden können
  - Ein paar liebe Worte an deine Erben

Nachdem du deine Strategie definiert hast, solltest du dir im zweiten Schritt das komplette Material beschaffen, das du für deine Nachlassplanung und deren Umsetzung brauchst. Mache dich, falls du es noch nicht getan haben solltest, mit den Wallets vertraut: Setze sie auf, sende und empfange ein paar Satoshis (kleinste Bitcoin-Einheit), stelle die Wallets mithilfe der Seed-Phrase wieder her. Gewisse Geräte bieten die Möglichkeit, diesen Prozess zusammen mit ihrer App durchzuführen. Der Hardware-Wallet-Hersteller Trezor zum Beispiel nennt das Verfahren «Dry-Run Recovery», also Trockenübung. Wenn du das gesamte benötigte Material hast und dich bereit fühlst, geht es im dritten Schritt um die effektive Umsetzung.

Ich nahm mir zwei Stunden Zeit, in denen ich nicht gestört werden wollte. Also Smartphone im Flugmodus und Rückzug an einen Ort, an dem dich niemand beobachten und stören kann. Nimm alles Material mit, das du für deine Nachlassplanung brauchst. Bei mir waren das ein Computer, ein Hardware-Wallet, mein Smartphone, Spezialpapier, ein dokumentenechter Kugelschreiber sowie ein Metall-Seed-Speicher und Material zur sicheren Verwahrung (zu alldem gleich mehr). Als erstes konsolidierte ich den größten Teil meiner Assets auf dem Hardware-Wallet meiner Wahl und gravierte umgehend die Seed-Phrase in den Metall-Seed-Speicher. Diversifikation in Ehren, aber ich persönlich ziehe es vor, meine Investitionen nicht auf zig Wallets zu verteilen. Erstens spart das Zeit beim Erstellen des Nachlassplans, zweitens macht es das Leben der Erben einfacher. Ich empfehle dir, höchstens zwei Wallets und zwei Börsen zu nutzen. Aus meiner Sicht ist dieser Aufwand gerade noch vertretbar und überschaubar. Nachdem deine Assets in den Wallets angekommen sind, musst du den Nachlassplan noch niederschreiben sowie die Verwahrung und Informationsübergabe umsetzen. Lege auch dieses Buch deinem Nachlassplan bei, um deinen Erben eine hilfreiche Lektüre für den Start zu hinterlassen.

> **i** Leider werden HD-Wallets heutzutage noch immer unterschiedlich gebaut. In seltenen Fällen kommt es vor, dass die Seed-Phrase allein nicht ausreicht, um ein Wallet wiederherzustellen. Deshalb ist es enorm wichtig, möglichst viele Informationen über das verwendete Wallet aufzuführen, darunter den genauen Typ und den Hersteller. Falls du eine Passphrase verwendest, darf sie im Nachlassplan nicht fehlen. Sonst sind deine Bitcoins für immer verloren.

Vertrauenswürdige Personen finden

Als ich meinen Nachlassplan überarbeitete, wurde mir klar: Meine Erben brauchen einen vertrauenswürdigen Kontakt, der bei Fragen weiterhelfen kann. Das gilt selbst dann, wenn du dir bei der Entwicklung des Plans große Mühe gegeben und deine Erben vorbildlich auf das Thema vorbereitet hast. Wenn sie nicht zu Experten auf dem Gebiet geworden sind, werden sie mit großer Wahrscheinlichkeit dennoch mit Unsicherheiten zu kämpfen haben. Wieso ich das ahne? Erinnere dich daran, wie du zum ersten Mal Bitcoins verschickt hast. Wie hast du dich dabei gefühlt? Also ich war aufgeregt, nervös und zugegebenermaßen auch etwas ängstlich. Zuerst schickte ich nur einen Bruchteil der eigentlichen Summe, einfach um zu checken, ob ich alles richtig gemacht habe. War die Empfangsadresse korrekt, die ich eingegeben hatte? Hatte eine Schadsoftware auf dem Computer die Adresse vielleicht verändert? Und wieso dauerte es so lange, bis die Dinger ankamen? Ungeduldig drückte ich gleich mehrfach den Refresh-Button meines Browsers. Bis schließlich die Bestätigung das erlösende Gefühl brachte, dass die Coins an ihrem Zielort angekommen waren. Deinen Erben dürfte es nicht anders ergehen. Passwörter, Seed-Phrase, verschiedene Wallets, verschiedene Geräte – das kann schnell überfordern. Deshalb rate ich dir, mindestens eine vertrauenswürdige Person in deinen Nachlassplan aufzunehmen, die sich mit dem Thema auskennt und an die sie sich wenden können.

Wie findest du die richtige Person oder den richtigen Personenkreis, um deine Erben beim Einlösen deines Nachlassplans zu unterstützen? Das erste Bauchgefühl tippt wohl auf Menschen in deinem engsten, womöglich familiären Umfeld. Doch sie sind nicht zwangsläufig geeignet. Bei nahestehenden Personen neigt man erfahrungsgemäß dazu, sich von Emotionen leiten zu lassen statt objektiv zu entscheiden. Um niemanden zu verletzen, drückt man schnell mal ein Auge zu – was im entscheidenden Moment fatal sein könnte. Ich sage nicht, dass es in deinem engen Umfeld keinen idealen Kandidaten geben kann. Versuche einfach, hier dieselbe Vorsicht an den Tag zu legen wie bei fremden Menschen. Vielleicht triffst du deine Vertrauensperson in der Firma, bei einem Klassentreffen oder auch in einer Meetup-Gruppe, zu der du regelmäßig gehst. Selbstverständlich kommt auch ein Anwalt, Treuhänder oder Testamentsvollstrecker infrage. Alle drei können sich von Berufs wegen die nötigen Informationen zum Bitcoin besorgen oder vertrauensvolle Drittparteien einschalten. Natürlich sind ihre Dienstleistungen nicht umsonst. Wichtig ist, dass du in Bezug auf die Vertrauensperson folgende Fragen bedingungslos bejahen kannst:

- Ist die Person ehrlich?
- Ist die Person vertrauenswürdig?
- Ist die Person sicher im Umgang mit Bitcoins oder kann sie sich die fehlenden Informationen beschaffen?

Sei auf der Hut vor Blendern oder Kriminellen. Durch die Ernennung zur Vertrauensperson gibst du ihr die Macht, deine Erben zu beeinflussen. Du musst – ohne den geringsten Zweifel – überzeugt sein, dass die Person zuverlässig und der Aufgabe gewachsen ist. Zudem sollte sie keine Interessenskonflikte im Hinblick auf deinen Nachlass haben. Du siehst, es ist gar nicht so einfach, die richtige Person zu finden. Also lieber zweimal hinsehen und vorsichtig abwägen. Dass du der Vertrauensperson in der Regel keine Kopie des Nachlassplans aushändigst, dürfte sich von selbst verstehen. Ob du sie über ihre Rolle informierst oder nicht, ist dir überlassen. Meine Vertrauensperson beispielsweise weiß nicht, dass sie im Falle meines Ablebens zum «inneren Zirkel» gehört. Andere, mit denen ich während der Recherchen zu diesem Buch gesprochen habe, ziehen es vor, die Vertrauensperson über deren Rolle in Kenntnis zu setzen und zu fragen, ob sie damit einverstanden ist. So oder so kommt der Vertrauensperson normalerweise keine aktive Rolle zu. Sie reagiert erst, wenn die Erben ausdrücklich ihre Hilfe suchen. Sobald du eine oder mehrere Personen gefunden hast, schreibe nicht nur deren Namen in deinen Nachlassplan, sondern möglichst umfassende Kontaktinformationen wie Telefonnummer, E-Mail- und Postadresse sowie, falls vorhanden, Website.

Informationen festhalten

Die einfachsten und aus meiner Sicht zugleich besten Hilfsmittel, um deinen Nachlassplan niederzuschreiben, sind Papier und Kugelschreiber. Jeder hat sie, jeder kennt sie. Papier ist grundsätzlich eine lange Zeit haltbar. Während die Tinte eines Kugelschreibers weniger schnell verblasst als beispielsweise Bleistift. Willst du auf Nummer sicher gehen, besorge dir einen dokumentenechten Kugelschreiber. Diesen bekommst du für wenig Geld im gut sortierten Fachhandel oder im Internet. Die Tinte eines dokumentenechten Kugelschreibers verblasst langsamer als gewöhnliche Tinte. Sie trocknet schneller, lässt sich kaum löschen und ist immer noch gut lesbar, wenn sie mit Wasser in Berührung gekommen ist. Um die Langlebigkeit deines Nachlassplans zu erhöhen, empfehle ich dir, das Papier zu laminieren oder gleich wasser- und reißfestes Papier zu nutzen. Auch solches Spezialpapier ist im Handel erhältlich. Ähnlich wie im Fall des dokumentenechten Stifts kostet es nicht viel und verursacht auch sonst wenig Aufwand. Aber es macht deinen Nachlassplan wesentlich sicherer und widerständiger.

Ausdrucke und Kopien

Wenn du bei der Erstellung deines Nachlassplans auf mein Hilfstool zurückgreifst, wirst du das personalisierte Dokument ausdrucken müssen. Papier, insbesondere die wasser- und reißfeste Variante, ist langlebig. Druckerschwärze ist es oft nicht. Um einen möglichst langlebigen Nachlassplan zu erstellen, eignen sich am besten monochrome Laserdrucker. Sie brennen das Tonerpulver ins Papier ein und fixieren dadurch dauerhaft die schwarze Farbe. Die sensitiven Daten trägst du danach von Hand mit einem dokumentenechten Kugelschreiber ein. Dein Nachlassplan sollte mindestens in doppelter Ausführung bestehen, und für jede Kopie brauchst du einen sicheren Verwahrungsort. Dadurch minimierst du das Risiko eines Totalverlusts, falls ein Exemplar des Nachlassplans beispielsweise durch einen Brand vernichtet wird. Wenn die sensiblen Informationen bereits eingetragen sind, rate ich dir aus Sicherheitsgründen davon ab, Kopien mittels Drucker, Scanner oder Smartphone herzustellen. Diese Geräte speichern die Daten lokal ab, so dass diese theoretisch von Dritten ausgelesen werden könnten. Das gilt erst recht, wenn die Geräte ans Internet angeschlossen sind. Deshalb: Kopiere deinen Nachlassplan und trage erst danach die sicherheitsrelevanten Daten von Hand ein.

Informationen elektronisch speichern

Natürlich ist es auch denkbar, deinen Nachlassplan statt auf Papier elektronisch als Text- oder PDF-Datei auf einem USB-Stick, Offline-Computer oder einer SD-Karte zu speichern. Wichtig ist, dass die entsprechende Datei verschlüsselt ist. Hardware-Wallets etwa von BitBox oder Coldcard bieten die Möglichkeit, die Seed-Phrase aus dem Wallet auf eine SD-Karte zu exportieren. Bei Coldcard kann die SD-Karte auch gleich verschlüsselt werden. Bei anderen Anbietern musst du dich unter Umständen selber darum kümmern. Ein USB-Stick basiert auf der gleichen Technologie wie eine SD-Karte, hat aber, wie der Name schon sagt, eine USB-Schnittstelle integriert, um vielseitiger nutzbar zu sein. Trotzdem empfehle ich dir, auf SLC-Technologie basierende SD-Karten in Industrie-Güteklasse einer guten Marke wie Kingston oder SanDisk zu nutzen. SLC steht für Singe Level Cell, solche Karten wurden ursprünglich für das Militär und die Raumfahrt entwickelt. Sie sind zwar mindestens doppelt so teuer wie die herkömmlichen, dafür mechanisch und elektrisch viel robuster, langlebiger und weniger anfällig für Temperaturschwankungen. USB-Sticks in derselben Qualität zu bekommen ist schwierig, weshalb ich persönlich auf SD-Karten setzen würde.

Wie im fünften Kapitel erwähnt, setzt Verschlüsselung Spezialkenntnisse sowohl bei dir als auch bei deinen Erben voraus. Zudem sollten die Geräte, die du zum Verschlüsseln benutzt, frei von Schadsoftware sein. Am besten verwendest du komplett neue Offline-Geräte, die auch künftig offline bleiben sollten, damit Hacker nicht von außen auf deinen Nachlassplan zugreifen können. Anstelle eines Offline-Computers kannst du auch das sichere Live-Betriebssystem Tails OS nutzen, das ich ebenfalls im vorhergehenden Kapitel vorgestellt habe. Wahrscheinlich ahnst du es bereits: Es reicht nicht, dass nur du weißt, wie man Dateien verschlüsselt oder entschlüsselt. Du musst vor allem einen Weg finden, wie auch deine Erben im Falle deines Ablebens die von dir verschlüsselten Dateien entschlüsseln können. Übe im Vorfeld ausreichend mit ihnen und lasse ihnen nicht nur das Speichermedium mit deinem verschlüsselten Nachlassplan darauf zukommen, sondern teile ihnen unbedingt auch das benutzte Verschlüsselungstool sowie das Masterpasswort für die Entschlüsselung mit. Letzteres kannst du entweder mit einem der elektronischen Services tun, die ich im weiteren Verlauf dieses Kapitels beschreibe, oder du übergibst es ihnen im Vorfeld auf Papier, versiegelt und vor Umwelteinflüssen geschützt. Du kannst auch eine Vertrauensperson, etwa einen Anwalt, damit beauftragen. Das Entschlüsselungstool kannst du auch gleich auf die SD-Karte speichern. So müssen deine Erben die Software nicht erst beschaffen und sind auch nicht dem Risiko ausgesetzt, dass das Tool nicht mehr erhältlich ist. Für welchen Weg du dich auch immer entscheidest, wichtig ist, dass deine Erben sowohl an deinen Nachlassplan, dein Masterpasswort als auch an das verwendete Tool gelangen, um den Nachlassplan entschlüsseln zu können.

Digitale Sicherungen sind definitiv bequem, weil du diese nicht unbedingt in einem Safe verwahren musst. Eine gut verschlüsselte SD-Karte bringt einem Angreifer gar nichts. Er müsste für die Entschlüsselung derart viel Aufwand betreiben, dass sich der Diebstahl kaum lohnt. Zudem kannst du, wenn du den Raub entdeckst, ihm zuvorkommen und mithilfe der Kopie deine Bitcoins in Sicherheit bringen. Anders als Papier, auf dem man die relevanten Informationen sofort sieht, könntest du theoretisch das digitale Speichermedium einfach herumliegen lassen. Dennoch empfehle ich es nicht, schließlich sind SD-Karten klein und gehen schnell verloren. Insgesamt rate ich persönlich von digitalen Sicherungen eher ab, weil für mich zu viele Fehlerquellen vor allem für Einsteiger im Spiel sind.

Mein Hilfstool nutzen

Ohne mein Hilfstool wäre dieser Ratgeber nur halb so praktisch. Ich habe es zusammen mit dem Buch entwickelt und stelle es dir auf meiner Website kostenlos zur Verfügung. Ich habe es so programmiert, dass es alle notwendigen Textbausteine und Leerfelder produziert. Abhängig von deinen Antworten generiert es automatisch die benötigten Informationen und spart dir damit viel Zeit und Schreibaufwand. Du kannst gleich loslegen, wirst durch alle Abläufe geführt und hast am Ende nichts Wichtiges vergessen. Wie es genau geht, siehst du auf der gegenüberliegenden Seite.

Sobald du deinen Nachlassplan mit meinem Hilfstool gemacht hast, kannst du die Kopien an sicheren Orten verwahren und, falls es deine Strategie ist, deine Erben informieren. Denke aber bitte daran, deinen ersten Nachlassplan in ein paar Monaten zu überarbeiten. Prüfe dabei, ob alles korrekt und vollständig eingetragen ist und ob der Plan sicher genug verwahrt ist. In der Regel musst du dabei nicht komplett von vorne beginnen. Es genügt, wenn du punktuelle Anpassungen vornimmst, indem du entweder direkt in den Papierplan schreibst, deine digitale Datei anpasst oder mein Hilfstool nochmals nutzt. Wiederhole dieses Korrekturprozedere, bis du davon überzeugt bist, dass dein Nachlassplan hieb- und stichfest ist. Vergiss nicht, jeweils sämtliche Kopien zu aktualisieren. Alle paar Jahre, vielleicht auch öfter, wenn du viel mit Bitcoins handelst, neue Wallets oder sonstige Hardware implementierst oder sich deine familiären Verhältnisse radikal ändern, solltest du deinen Nachlassplan überprüfen und auf neuesten Stand bringen.

MEIN HILFSTOOL NUTZEN

Die Nachlassplanung erfordert nicht nur Planung, sondern auch viel Schreibarbeit. Die letztere nimmt dir mein Hilfstool ab. So funktioniert es:

1

Scanne den QR-Code oder gehe auf https://marcsteiner.tech/bitcoin-nachlass-tool. Beantworte die Fragen. Keine Angst, es werden keine sensiblen Daten abgefragt.

2

Basierend auf deinen Antworten wird eine auf dich zugeschnittene Vorlage erstellt. Sobald du alle Fragen beantwortet hast, kannst du sie herunterladen.

3

Passe die Vorlage, wenn nötig, deinen individuellen Bedürfnissen an. Ergänze sie zum Beispiel um Informationen, die in deiner persönlichen Situation wichtig sind.

4

Drucke die Vorlage so oft aus, wie du sie brauchst, mindestens jedoch zwei Mal. Drucken ist unbedenklich, da dein Nachlassplan noch keine sensiblen Daten enthält.

5

Trage deine sensiblen Informationen, also Passwörter, Benutzernamen, Wallet-PIN und Seed-Phrase, von Hand mit dokumentenechtem Kugelschreiber ein.

6

Schreibe mindestens eine geeignete Kontaktperson dazu.

Den Nachlassplan sicher verwahren

Du hast deine Assets nun konsolidiert, alle wichtigen Informationen zusammengetragen, niedergeschrieben und mindestens eine Kopie deines Nachlassplans erstellt. Als Nächstes geht es darum, deinen Plan sicher zu verwahren und vor Umwelteinflüssen zu schützen. Als einfachste und günstigste Variante steckst du deinen Papierplan in einen handelsüblichen Umschlag und versiegelst ihn. Versiegeln bedeutet in diesem Fall, dass du über die geschlossene, zugeklebte Lasche unterschreibst. Auf diese Weise kann niemand mehr ohne Aufwand den Umschlag öffnen, ohne Spuren zu hinterlassen. Wenn du es sicherer haben willst, kannst du dir auch sogenannte Safebags, also Sicherheitstaschen, besorgen, die speziell für solche Zwecke entwickelt wurden. Die Firma Litfax bietet solche Produkte insbesondere auch für Banken an. Nutzt du einen Metall-Seed-Speicher, würde ich diesen ebenfalls in einen Umschlag oder eine Sicherheitstasche legen und mitversiegeln.

Metall-Seed-Speicher

Beim Metall-Seed-Speicher handelt es sich um spezielle Metallplatten, auf die man seine Seed-Phrase übertragen kann. Sei es als eine Art Gravur oder indem einzelne Buchstaben in eine Platte eingeschoben, eingeklemmt und verschraubt werden. Das richtige Metall, Stahl oder Titan, schützt sensible Informationen sehr gut vor Umwelteinflüssen wie hohen Temperaturen bei Bränden, starkem Druck, etwa wenn Trümmerteile nach einer Explosion herumfliegen oder das Gebäude nach einem Brand einstürzt, Korrosion durch Überschwemmungen und diversen Chemikalien.

Wie du weißt, sind die Seed-Phrase und, falls du eine verwendest, die Passphrase, die wichtigsten zu vererbenden Informationen, weil man mit deren Hilfe die Wallets wiederherstellen kann. Deshalb lohnt es sich, die Seed-Phrase und Passphrase besonders zu schützen – schon zu Lebzeiten. Ich empfehle dir, eine der Kopien des Nachlassplans um einen Metall-Seed-

Speicher zu ergänzen. Wie du aus dem Kapitel 4 weißt, dürfen die Seed-Phrase und die Passphrase nicht zusammen verwahrt werden. Wenn du eine Passphrase benutzt, kannst du sie in deinem Nachlassplan auf Papier festhalten oder mit einer der später beschriebenen Methoden elektronisch übermitteln. Dafür solltest du die Seed-Phrase im Nachlassplan weglassen und auf dem Metall-Seed-Speicher festhalten, den du dann an einem anderen sicheren Ort aufbewahren musst. In bestimmten Situationen kann eine Passphrase sinnvoll sein. Bei der Nachlassplanung finde ich sie eher hinderlich, weil sie die sichere Verwahrung nur unnötig verkompliziert.

Verwendest du keine Passphrase, kannst du die Seed-Phrase sowohl auf Papier als auch auf Metall festhalten und erhältst so einen zusätzlichen Schutz. Angesichts zahlreicher Ausführungen musst du darauf achten, dass dein Metall-Seed-Speicher auch wirklich hält, was er verspricht. Jamson Loop, ein professioneller Cypherpunk und anerkannte Persönlichkeit in der Bitcoinszene, hat solche Speichermöglichkeiten auf Herz und Nieren getestet. Die Resultate zeigen, dass die Hersteller CryptoKey, Cryptotag, Steelwallet, Cryptosteel oder Blockplate hervorragende Lösungen bieten, die etwa 50 Euro aufwärts kosten. Hinzu kommt Gravierwerkzeug beispielsweise von Dremel, das ebenfalls preiswert im Handel erhältlich ist.

Schutz vor Wasser

Überschwemmungen und Rohrbrüche ereignen sich zwar selten, doch wenn sie einmal vorkommen, können die Auswirkungen verheerend sein. Deshalb empfiehlt es sich, den Nachlassplan vor Wasser zu schützen. Aus dem Haushalt kennst du wiederverschließbare Plastikbeutel, die wasserdicht sind. Ich empfehle dir aber, die im vorherigen Abschnitt erwähnten Sicherheitstaschen zu verwenden. Diese kann man nicht nur zur Versiegelung des Inhalts nutzen, auch schützen sie diesen vor Wasserschäden. Alternativ lässt sich der Nachlassplan von Anfang an laminieren oder auf wasser- und reißfestem Papier aufschreiben.

Schutz vor Feuer

Auch Brände sind eine große Gefahr für deinen Nachlassplan. Ohne Löscharbeiten erreichen Hausbrände nach einer halben Stunde bis zu 1000 Grad

Celsius. Eine feuersichere Dokumententasche kann deinen Nachlassplan vor kleineren Bränden bis etwa 500 Grad schützen. Noch sicherer ist es, wenn du dir eine feuersichere Box oder einen Safe besorgst. Bekanntlich sind Feuer unten weniger heiß als in der Höhe. Platziere den Safe mit dem Nachlassplan deshalb am besten eher auf Bodenhöhe im Bereich von einem Meter. Gegen Großbrände kann dich schlussendlich aber nur der Metall-Seed-Speicher schützen. Ich lege dir diese Methode deshalb nochmals ausdrücklich ans Herz.

Schutz elektronischer Speichermedien

Wenn du deinen verschlüsselten Nachlassplan auf einem elektronischen Speichermedium, etwa einem USB-Stick oder einer SD-Karte, aufbewahren willst, solltest du dieses am besten in eine antistatische Tasche, auch ESD-Beutel genannt, stecken. Diese Taschen schützen die empfindlichen elektronischen Teile vor elektrostatischen Entladungen, wie sie etwa bei einem Blitzeinschlag entstehen. Für besondere Bedürfnisse und Ansprüche sind im Handel auch spezielle Faraday-Taschen mit Militärstandard erhältlich, die Elektronik vor noch stärkeren elektrostatischen und elektromagnetischen Impulsen schützen können. Die entsprechenden Anbieter sind beispielsweise die Firmen Crossbreed (ARK Register Bag) oder Mission Darkness (Farraday Bag). Elektronische Speichermedien haben, wie wir bereits gesehen haben, ihre Tücken. Je nach Qualität der Geräte sind die Daten darauf nur ein paar Jahre lesbar. Danach müssen die Medien trotz einwandfreier Lagerung erneuert werden. Elektronische Komponenten vor Feuer zu schützen, ist praktisch unmöglich, weil Elektronik bei hohen Temperaturen schmilzt. Deshalb solltest du auch bei dieser Speichermethode auf mindestens eine weitere Kopie, die du an einem ganz anderen sicheren Ort aufbewahrst, nicht verzichten.

Sichere Orte bestimmen

Generell solltest du die Kopien deines Nachlassplans immer an voneinander unabhängigen Orten aufbewahren. Damit hast du eine Lösung, die deinen Plan vor örtlichen Ereignissen schützt. Nutzt du zum Beispiel nur ein einziges Bankschließfach, ist nicht zwingend garantiert, dass nach deinem Tod deinen Erben der Zugriff auch gewährleistet wird. Suche dir also mindestens noch einen weiteren sicheren Ort, um deinen Nachlassplan aufzubewahren. Rechne am besten mit dem Schlimmsten und wähle sichere, voneinander unabhängige Orte aus. Doch wodurch zeichnet sich ein sicherer Ort überhaupt aus?

Der ideale Ort, um eine Kopie des Nachlassplans aufzubewahren, ist zugänglich für die Erben, nicht aber für Einbrecher. Es könnte ein Safe zu Hause oder ein Schließfach bei einer Bank sein. Die meisten Menschen, mit denen ich über Vererbung von Bitcoins gesprochen habe, nutzen mindestens eine der beiden Varianten. Wie ich in Kapitel 2 erklärt habe, sind Banksafes nicht immer sicher vor externen Zugriffen. Wenn du Banksafes nutzt, stelle sicher, dass du bei Missbrauch umgehend informiert wirst und dadurch noch die Chance hast, deine Assets dank deiner Kopien zu retten. Sprich deshalb mit deiner Bank frühzeitig über Sicherheit.

Ein sicherer Aufbewahrungsort muss zudem vor Umwelteinflüssen geschützt sein. Ich persönlich würde meinen Nachlassplan in keiner feuchtschimmeligen Ritze in der Kellerwand aufbewahren, auch wenn er dort vermutlich sicher vor Einbrechern wäre. Berücksichtige zudem regionale und nationale Besonderheiten. Für Europäer weniger, für Menschen aus sogenannten «Krisenländern» dafür umso relevanter sind beispielsweise Krieg und Enteignungen. Sie müssen sich dagegen wappnen, indem sie eine Kopie des Nachlassplans im Ausland aufbewahren. Kommen du oder deine Erben trotzdem jederzeit an den Plan heran? Müssen besondere Einreisevorschriften beachtet werden? Damit möchte ich dich keinesfalls animieren, dich auf die Apokalypse vorzubereiten. Aber es lohnt sich, deine persönliche Situation gründlich zu analysieren und darauf aufbauend sichere Verwahrungsorte auszuwählen. Zur Erinnerung: Sie sollten für deine Erben leicht auffindbar und zugänglich sein und zugleich den Einbrechern und anderen Unbefugten den Zugriff stark erschweren oder ganz verunmöglichen.

Falls du keinen Safe zu Hause hast und dir in nächster Zeit auch keinen anschaffen willst, könnte deine Wahl auf «exotische» Orte wie den Spülkasten der Toilette, verborgene Wandnischen, Verstecke in Möbeln, Lücken zwischen Elektrogeräten oder das Getriebe deiner Wanduhr fallen. Darüber musst du deine Erben sofort in Kenntnis setzen – denn dass sie nach deinem Ableben selbst auf die Verstecke kommen, ist unwahrscheinlich bis unmöglich. Trotzdem bergen exotische Verstecke stets die Gefahr, dass das

Geheimfach nach Jahren vergessen wird. Vielleicht wird deine Wohnung oder Haus von einem Räumungsdienst geleert, bevor deine Erben überhaupt Gelegenheit hatten, an deinen Plan heranzukommen? Ich persönlich halte wenig von solchen Verstecken. Wenn es um die sichere Verwahrung deines Nachlassplans geht, lautet mein Rat: Ein Safe ist allemal die bessere Alternative. Entweder kaufst du dir einen für zu Hause oder deponierst den Nachlassplan bei einer entsprechende Dienstleistungen anbietenden Firma oder einer Bank. Für jedes Budget findet sich eine Lösung.

Ich empfehle dir folgende Aufbewahrungsorte:

- Safe zu Hause
- Safe oder Schließfach bei einer Bank
- Safe oder Schließfach bei einem Anwalt oder Treuhänder
- Geheimfächer, die weniger sicher sind als ein Safe, gehen auch, wenn du deinen Nachlassplan verschlüsselt auf USB-Sticks oder SD-Karten gespeichert hast und Kopien an verschiedenen Orten lagerst
- Self-Storage-Dienstleister

Die Erben informieren

Nachdem du deinen Nachlassplan erstellt und sichere Aufbewahrungsorte für ihn gefunden hast, geht es nun um die Frage, wann und wie du deine Erben informierst. Dieser Teil der Nachlassplanung ist, wie du gleich sehen wirst, recht heikel, überall lauern Gefahren, keine Lösung ist perfekt. Wenn du dich beispielsweise entschließt, deinen Erben vorab alle wichtigen Informationen zukommen zu lassen, auf welchem Weg machst du das? Schreibst du ihnen einen Brief? Suchst du ein persönliches Gespräch? Doch wer garantiert dir, dass sie den Inhalt des Gesprächs nicht irgendwann vergessen, den Brief verlieren oder er in die falschen Hände gerät? Wenn du dich für die schriftliche Form entscheidest, muss also auch der Brief sicher verwahrt werden, mit den Techniken, die du in diesem Buch gelernt hast. Falls du mehrere Erben hast, kannst du Kopien der Information allen zukommen lassen und auf diese Weise das Risiko streuen. Du kannst auch die Dienste eines Drittanbieters oder einer Vertrauensperson nutzen. Sie kommen erst nach deinem Ableben ins Spiel und informieren zu einem von dir definierten Zeitpunkt die Erben.

Erben selber informieren

Der naheliegendste Zeitpunkt, deine Erben zu informieren, ist, direkt nachdem du deinen Nachlassplan erstellt hast. Welche Details du ihnen mitteilst, ist dir überlassen. Du kannst mit ihnen den gesamten Nachlassplan durchgehen und die Einlösung üben. Oder du teilst ihnen bloß die Orte mit, an denen sie eine Kopie des Nachlassplans mit allen relevanten Informationen finden. Das kannst du in einem Gespräch oder mit einem Brief tun. Achte darauf, welche Informationen du wie preisgibst. Befindet sich beispielsweise eine Kopie des Nachlassplans im heimischen Tresor, sollte der Brief nicht den Zugangscode zum Tresor enthalten, weil Diebe dann leichtes Spiel hätten. Den Code musst du den Erben auf anderem Weg übermitteln, wie ich nachher beschreibe. Eine weitere Möglichkeit der Vorabinformation ist die Mitteilung, dass im Fall der Fälle ein Willensvollstrecker damit beauftragt ist, sie über weitere Details zu informieren. So wissen die Erben, dass du Krypto-Assets besitzt, und haben eine ungefähre Ahnung davon, was auf sie zukommt. All das bedeutet nicht, dass die Erben bereits Zugriff auf deine Investments bekommen. Nur weil sie von der Existenz des Plans wissen, müssen sie nicht auch noch über den Zugangscode, Schlüssel zum Safe oder das Entschlüsselungspasswort deiner digitalen Datei verfügen. Diese Informationen kannst du auf anderen Wegen bereitstellen, die ich in den folgenden Abschnitten vorstelle. Ich persönlich habe mit meinen Erben meinen gesamten Nachlassplan einschließlich aller Details durchgesprochen.

Vertrauensperson informiert deine Erben

Alternativ kannst du eine Vertrauensperson einsetzen, die deine Erben informiert. Möchtest du nämlich nicht, dass sie vorzeitig von deinen Assets oder dem Nachlassplan erfahren, kann diese Person erst aktiv werden, wenn dir etwas zustößt. Wie gesagt, das kann ein Willensvollstrecker, ein Anwalt oder eine andere verlässliche Person sein. Sie geht auf deine Erben zu und übergibt ihnen die von dir definierten Teilinformationen, Zugangscodes beispielsweise, den Schlüssel zum Safe oder das Masterpasswort für die Entschlüsselung deiner digitalen Datei. Selbst hat diese Person keinen Zugriff auf deinen Nachlassplan. Am besten sollte sie gar nicht wissen, wo sich dieser befindet. Denkbar ist auch, dass sie nicht einmal weiß, dass es um den Bitcoinnachlass geht.

Die Erben dagegen sollten den Ort kennen, zum Beispiel das Schließfach bei einer Bank. Da sie nicht wissen, was sich darin befindet und sie erst nach deinem Ableben den Zugang erhalten, ist dein Nachlass sicher verwahrt. Denkbar wäre auch, die Informationen auf mehrere Vertrauenspersonen aufzuteilen. Die eine Person kennt nur den Ort, eine andere den Code, den Schlüssel oder das Masterpasswort zur Entschlüsselung, untereinander kennen sich die Personen jedoch nicht. Sei dir bewusst, dass du externen Personen wirklich vertrauen musst. Sie dürfen sich nicht gegen dich verbünden oder einen Pakt mit einem der Erben schließen können. Mache es aber nicht zu kompliziert. Dadurch mehren sich nur die Fehlerquellen, und folglich nimmt das Risiko zu. Ich persönlich glaube, dass ein vertrauenswürdiger Anwalt vollkommen genügt, um die Erben zu informieren, wenn du es nicht selbst vorab oder in Verbindung mit anderen Methoden tun willst.

Erben elektronisch informieren

Bei meinen Recherchen zu diesem Buch bin ich auf verschiedene elektronische Services gestoßen, die dir bei der Umsetzung deines Nachlassplans helfen können. Den ersten, den ich vorstellen will, bietet die Firma Secure Safe (https://www.securesafe.com/de/news/datenvererbung/) an. Über ein Benutzerkonto, für das eine monatliche Gebühr fällig ist, kannst du deinen kompletten digitalen Nachlass von E-Mail- über Social-Media-Konten bis zu Teilen deines Bitcoinerbes verwalten. Du definierst vorab, welche Personen nach deinem Tod welche Informationen bekommen. Ausgelöst wird der Prozess durch eine Vertrauensperson, die von dir einen Aktivierungscode bekommen hat. Dies kann auch einer der Erben sein.

Wird der Prozess gestartet, wirst du als erster kontaktiert und kannst eingreifen, falls dieser fälschlicherweise gestartet wurde. Die eingebaute Sperrfrist schützt deine Daten vor missbräuchlichem Zugriff. Wurde der Prozess korrekt ausgelöst, werden die Begünstigten per E-Mail oder SMS informiert, dass sie «etwas Digitales» vererbt bekommen haben. Sie können sich mit den zugeschickten Login-Daten auf der Secure-Safe-Website anmelden und ihre Informationen abholen. Das können beispielsweise Hinweise auf Orte sein, an denen du deinen Nachlassplan aufbewahrst, Zugangscodes für den Safe oder das Masterpasswort, um digitale Dateien zu entschlüsseln. Nach Angaben von Secure Safe sind alle hinterlegten Dateien so verschlüsselt, dass nicht einmal die Programmierer der Firma die Daten einsehen können.

Ein weiterer in der Szene bekannter Service nennt sich FinalMessage (https://FinalMessage.io): Der Dienst verschickt automatisch vordefinierte Nachrichten an ausgewählte Personen, wenn du längere Zeit kein Lebenszeichen mehr von dir gegeben hast. Lebenszeichen sind in diesem Fall kleine Bitcoin-Beträge, die du in regelmäßigen Abständen an diesen Service schicken musst. Treffen diese Zahlungen nicht mehr ein, wird automatisch die «finale Nachricht» ausgelöst und an die hinterlegten E-Mail-Empfänger geschickt. Hinter dem Dienst steht Matt Odell, der bereits mehrere Firmen im

Bitcoinbereich gegründet hat und Teil des bekannten Podcast «Tales from the Crypt» ist. Die «finale Nachricht» sei verschlüsselt und nur die E-Mail-Adressen vom Dienstleister einsehbar, heißt es.

Wer den Geheimhaltungsversprechen nicht traut, kann die Dienste von FinalMessage und Secure Safe auch kombinieren. Beispielsweise die Aufbewahrungsorte des Nachlassplans mit Secure Safe, die Zugangscodes zum Safe mit dem FinalMessage-Service mitteilen. Auch für fortgeschrittene Anwendungen wie Multisig oder Shamir's Secret Sharing Scheme – mehr dazu im nächsten Buchabschnitt – kommt der Dienst infrage. Dafür wurde er ursprünglich entwickelt. Zu beachten ist, dass FinalMessage ausschließlich auf Bitcoin basiert. Das heißt, falls du keine Bitcoins mehr besitzt und dir auch keine neuen beschaffen willst, kannst du den FinalMessage-Dienst leider nicht nutzen.

Hast du gewusst, dass Google ein ausgeklügeltes «inactive»-Feature hat (https://myaccount.google.com/inactive)? Wenn du einen Google-Mail-Account hast, kannst du definieren, ab wann dein Account als inaktiv gilt, wer in diesem Fall benachrichtigt werden soll und welche Daten diese Person bekommt. Du kannst deine Erben als Empfänger einsetzen und so die Orte mitteilen, an denen sie deinen Nachlassplan finden. Da du nur den Ort mitteilst, aber nicht, wie man sich den Zugriff dazu verschafft, kann ein Angreifer mit der Information nicht viel anfangen. Denk aber bitte daran, sicherzustellen, dass deine Erben auf einem anderen Weg an den Zugangscode, den Schlüssel zum Safe oder an das Masterpasswort der Dateientschlüsselung kommen. Am besten teilst du ihnen diese Informationen noch zu Lebzeiten in einem Gespräch oder Brief mit. Das Google-Feature hat den Vorteil, dass es kostenlos ist. Es kann natürlich auch mit Secure Safe oder FinalMessage kombiniert werden.

Bei allen elektronischen Diensten gilt dieselbe Einschränkung wie bei einem Bankschließfach: Du musst der Drittpartei, die du hinzuziehst, und ihren Mitarbeitern vertrauen. Wenn du Zweifel über die Sicherheit oder Glaubwürdigkeit eines Anbieters haben solltest, rate ich dir, besser die Finger von ihm zu lassen. Zusätzlich bedenken solltest du, dass Anbieter vom Markt verschwinden können. Zu deinen Lebzeiten wirst du informiert und kannst deine Daten zu einem anderen Dienst migrieren oder einen anderen Weg wählen, deine Erben über deinen Bitcoinnachlass zu informieren. Ärgerlicher – und gefährlicher – ist es, wenn der Dienst kurz vor, zeitgleich mit oder kurz nach deinem Ableben verschwindet, aber bevor deine Erben die sensitiven Daten erhalten haben. Die Wahrscheinlichkeit dafür ist nicht besonders hoch, trotzdem solltest du dich absichern: entweder indem du zwei voneinander unabhängige Dienste verwendest oder eine Kopie der relevanten Informationen offline aufbewahrst, zum Beispiel handgeschrieben in einem Safe.

Testament nutzen

Informationen zum Aufbewahrungsort deines Nachlassplans kannst du deinen Erben auch über dein «analoges» Testament zukommen lassen. Wichtig ist nur, dass du keine kritischen Daten wie die Seed-Phrase hineinschreibst. Testamente werden nämlich häufig bei Dritten hinterlegt, dadurch ist hinreichender Schutz deiner sensiblen Daten nicht mehr gewährleistet. Wie ich das meine? Stelle dir beispielsweise vor, dass ein juristischer Streit zwischen den Erben wegen des Testaments ausbricht und das Papier einem Gericht ausgehändigt werden muss. Sofort würden unkontrolliert viele fremde Personen, Richter, Anwälte, Gerichtsschreiber, alle möglichen Assistenten und Gerichtshelfer, deine Seed-Phrase kennen. Deshalb darf das Testament nur Teilinformationen enthalten, mit denen potentielle Angreifer nichts anfangen können.

Erstmals zur Sprache kam die Vererbung von Bitcoins im Jahr 2013. Hal Finney, legendärer Entwickler und Empfänger der ersten Bitcoin-Transaktion, schrieb kurz vor seinem frühen Tod: «Meine Bitcoins befinden sich in unserem Bankschließfach, und mein Sohn und meine Tochter sind technisch versiert. Ich denke, sie sind sicher genug. Ich fühle mich wohl mit meinem Vermächtnis.»

Tools für Fortgeschrittene

Gier oder Geldsorgen, Eifersucht oder Rache – nicht alle Erbschaften laufen friedlich und rücksichtsvoll ab, wie gelegentliche Zeitungsmeldungen und große Mengen an Kriminalliteratur zu dem Thema eindrücklich zeigen. Wie lassen sich deine wertvollen Bitcoins und Kryptos beispielsweise in komplizierten Patchwork-Verhältnissen oder an Geschwister vererben, die sich zerstritten haben und seither einander spinnefeind sind? Ausgeklügelte Konstrukte müssen her, bei denen keine Person eigenmächtig auf sämtliche Assets zugreifen kann.

Multisignatur

Ein denkbares Konstrukt für einen solchen Fall heißt Multisignatur oder Multisig. Es bedeutet, dass man mehr als einen privaten Schlüssel braucht, um eine Transaktion zu signieren und auszuführen. So müssten zum Beispiel drei von fünf berechtigten Personen, in unserem Fall Erben, eine Transaktion genehmigen. Um das Verfahren zu nutzen, muss man zuerst ein spezielles Multisignatur-Software-Wallet kreieren. Dieses unterscheidet sich nicht von einem normalen Wallet, bis auf die Tatsache, dass immer eine Teilmenge der beteiligten privaten Schlüssel zusammenkommen muss, um Bitcoins zu empfangen oder zu übertragen. Man könnte auch von dem in der Wirtschaftswelt rund um den Globus verbreiteteten «Mehr-Augen-Prinzip» sprechen. So kann sich weder ein dreister Dieb noch ein gieriger Erbe das ganze Geld unter den Nagel reißen, ohne dass er die Mehrheit der Schlüssel unter seine Kontrolle bringt. Leider unterstützen aktuell noch nicht sehr viele Krypto-Assets – geschweige denn Wallets – die Multisignatur-Funktion. Eine der bekanntesten und auch beliebtesten Lösungen ist das Electrum-Wallet, das mit verschiedensten Hardware-Wallets als Schlüssel kombiniert werden kann. Multisignatur sauber aufzusetzen und sicher sowie fehlerfrei zu verwenden, ist komplex und wirklich nicht für Einsteiger gedacht.

MULTISIGNATUR

Jede beteiligte Partei hat einen eigenen privaten Schlüssel. Um Transaktionen aus dem gemeinsamen Wallet ausführen zu können, muss eine Mehrheit jeweils zustimmen.

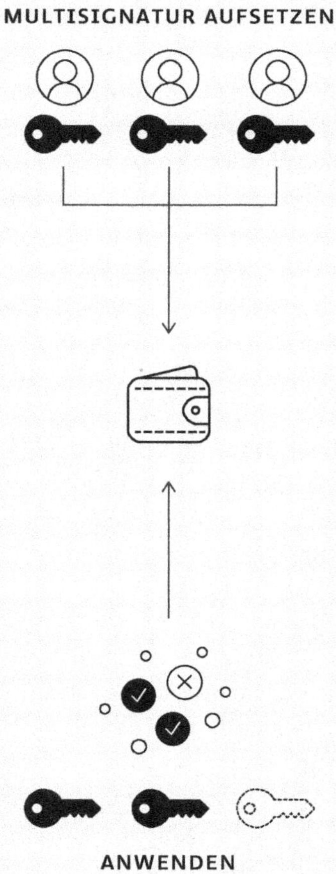

Quellen: Phil Geiger & Neil Woodfine, Marc Steiner

Shamir's Secret Sharing Scheme

Shamir's Secret Sharing Scheme (SSSS) dagegen ist eine Methode, um ein einzelnes Geheimnis, etwa ein Passwort oder die Seed-Phrase, sicher auf mehrere, mindestens jedoch drei Instanzen aufzuteilen. Dafür zerschneidet man quasi das Passwort in Einzelstücke, verschlüsselt sie und verteilt sie dann an die Erben. Trotz der Aufteilung ist jedes Secret aber genauso sicher (gleiche Entropie) wie das Originalpasswort. Diese Einzelstücke nennt man bei SSSS «Secrets». Ähnlich wie bei Multisig müssen nicht alle Secrets zusammengeführt werden, um das Geheimnis, die Seed-Phrase etwa, zu rekonstruieren. Dank Mathematik und Kryptografie genügt eine im Voraus definierte Anzahl, mindestens zwei von drei. Für sich allein ist jedes dieser Secrets nutzlos. SSSS wird angewendet, um wirklich wichtige Daten, die Seed-Phrase beispielsweise oder das Verschlüsselungspasswort deiner SD-Karte, absolut sicher aufzuteilen. Im Vergleich zu Multisig, die nicht von allen Krypto-Assets unterstützt wird, kann Shamir's Secret Sharing Scheme für alle möglichen Daten und somit bei allen Assets angewendet werden. Es ist aber kein Ersatz für Multisig, sondern erfüllt einen ganz anderen Zweck. Während bei der Multisignatur-Methode jede Partei ihren eigenen privaten Schlüssel besitzt, um immer wieder gemeinsam Transaktionen auszuführen, bietet SSSS quasi einen Einmalschutz. Werden die Secrets nämlich zusammengeführt, kennt jeder der Beteiligten das Geheimnis, in unserem Beispiel die komplette Seed-Phrase. Nach dem Gebrauch sind die einzelnen Secrets deshalb wertlos.

Shamir's Secret Sharing Scheme wurde schon 1979, also lange vor Bitcoin und Co., von Adi Shamir, einem israelischen Experten für Kryptografie, entwickelt. Sie fand bis heute aber noch keine breite Anwendung im Bitcoinbereich. Das dürfte sich in absehbarer Zeit allerdings ändern. Der führende Hardware-Wallet-Hersteller Trezor hat im September 2019 einen Standard für die SSSS-Implementierung unter dem Namen SLIP-0039 vorgestellt. Trezor-Wallets neueren Datums machen es somit möglich, die Seed-Phrase aufzuteilen, die einzelnen Secrets auf Papier aufzuschreiben und zu verteilen. Andere Hersteller werden wohl in nicht allzu ferner Zukunft nachziehen. Möchtest du Shamir's Secret Sharing Scheme bei deiner Nachlassplanung einsetzen, übe die Implementierung des Konzepts zunächst an unbedeutenden Daten. Nutze dafür entweder ein SSSS-fähi-

SHAMIR'S SECRET SHARING SCHEME

Ein Geheimnis kann zerstückelt und an verschiedenen Orten verwahrt werden. Dank Kryptografie braucht es nicht alle Teilstücke, um das Geheimnis zusammenzusetzen.

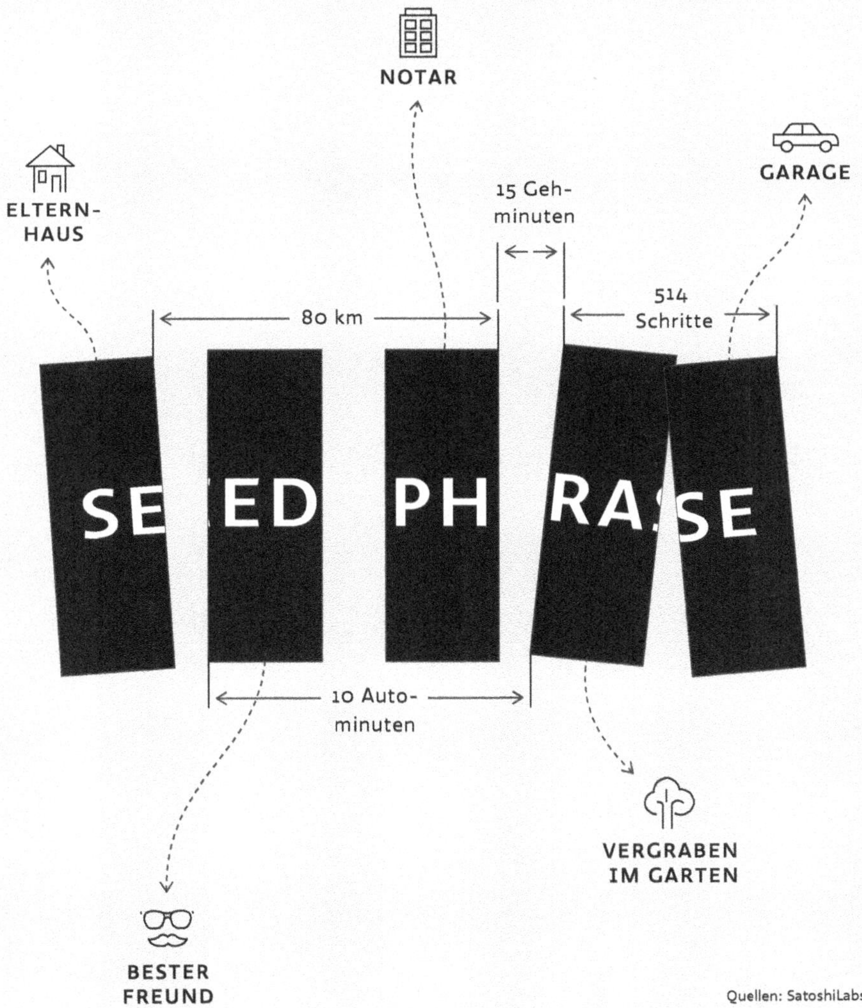

Quellen: SatoshiLabs

SHAMIR'S SECRET SHARING SCHEME

Ein privater Schlüssel wird in drei Secrets aufgeteilt. Mindestens zwei Teile sind nötig, um den Originalschlüssel wiederherzustellen.

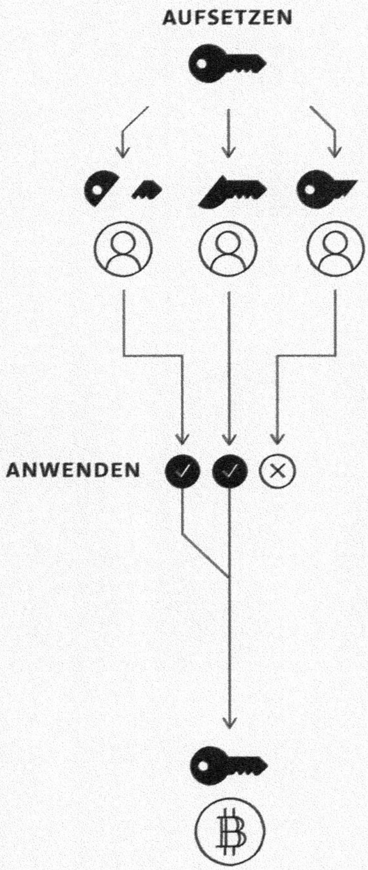

Quellen: Phil Geiger & Neil Woodfine, Marc Steiner

ges Hardware-Wallet oder Internet-Programme wie das Open-Source-Tool Seedsplit (https://github.com/oed/seedsplit) oder die von mir bevorzugte Anwendung Shamir von Ian Coleman (https://iancoleman.io/shamir).

Die Anwendung dieser Programme setzt ein gewisses technisches Verständnis voraus. Solange du die Methode nur mit Testdaten ausprobierst, ist es kein Problem, dies online zu tun. Solltest du SSSS für deine Bitcoins verwenden wollen, solltest du die Website herunterladen und offline nutzen. Dafür kannst du in deinem Internetbrowser auf «Seite speichern unter» klicken und die Website als HTML-Datei abspeichern. Diese kannst du dann lokal auf deinem Offline-Computer öffnen und benutzen. Ich zögere, diese Methode für die Umsetzung des Nachlassplans zu empfehlen, weil sie komplex ist. Wenn du kein Geek bist, dürftest du an der einfacheren Möglichkeit, dem Poor Man's Shamir's Secret Sharing Scheme, mehr Freude haben.

Poor Man's Shamir's Secret Sharing Scheme

Bei den Recherchen zu diesem Buch bin ich auf eine interessante Alternative zum komplexen Shamir's Secret Sharing Scheme gestoßen. Sie heißt «Poor Man's Shamir's Secret Sharing Scheme» und kann ohne große Hilfsmittel und Softwarekenntnisse auf Papier umgesetzt werden. Vom komplexen, nicht für Laien geeigneten «Original» hat es eigentlich nur die Idee übernommen, ein Geheimnis aufzuteilen. Die Einzelteile sind allerdings nicht verschlüsselt und somit auch weit weniger sicher als bei der «Vollversion». Poor Man's Shamir's Secret Sharing Scheme orientiert sich an den Seed-Phrase-Recovery-Karten, die bei jedem Hardware-Wallet mitgeliefert werden. Diese Karten dienen als Vorlagen, um die Seed-Phrase sauber aufzuschreiben. Für das Poor Man's Shamir's Secret Sharing Scheme brauchst du nun drei dieser Karten. Jede der drei Karten enthält jetzt aber 16 anstelle der 24 Wörter, damit jeweils zwei von drei Karten zusammen die vollständige Seed-Phrase bilden können. Eine speziell für diesen Zweck modifizierte Vorlage der Recovery-Karten ist auf Seite 114 abgebildet, du kannst sie dir auch von meinem Blog unter https://marcsteiner.tech/blog herunterladen. Wenn ein Kartenfeld eine Nummer besitzt, wird das entsprechende Wort der Seed-Phrase eingetragen. Ansonsten lässt du es leer. Ganz wichtig ist, dass diese Methode nur mit einer Seed-Phrase von 24 Wörtern funktioniert! Die Karten können vor Umwelteinflüssen geschützt an verschiedenen Orten

POOR MAN'S SHAMIR'S SECRET SHARING SCHEME

Beim Poor Man's Shamir's Secret Sharing Scheme auf Papier sind zwei von drei Listen nötig, um die komplette Seed-Phrase zusammensetzen zu können.

LISTE A

Wort 1		Wort 17
Wort 2	Wort 10	
	Wort 11	Wort 19
Wort 4		Wort 20
Wort 5	Wort 13	
	Wort 14	Wort 22
Wort 7		Wort 23
Wort 8	Wort 16	

LISTE B

Wort 1	Wort 9	
	Wort 10	Wort 18
Wort 3		Wort 19
Wort 4	Wort 12	
	Wort 13	Wort 21
Wort 6		Wort 22
Wort 7	Wort 15	
	Wort 16	Wort 24

LISTE C

	Wort 9	Wort 17
Wort 2		Wort 18
Wort 3	Wort 11	
	Wort 12	Wort 20
Wort 5		Wort 21
Wort 6	Wort 14	
	Wort 15	Wort 23
Wort 8		Wort 24

Quelle: blockchainapps

aufbewahrt werden. Einzeln sind sie für Diebe wertlos. Derweil können die Erben mit einer einfachen Anleitung im Nachlassplan darüber informiert werden, wie sie die Karten nutzen müssen. In meinem Hilfstool, das ich dir insbesondere auch für die komplexeren Anwendungen wärmstens ans Herz lege, ist die Anleitung, wie man Poor Man's Shamir's Secret Sharing Scheme nutzt, einer der angebotenen Textbausteine. Die Methode wird in der Szene kontrovers diskutiert. Wie ich in der Geek-Info unten erläutere, ist Poor Man's Shamir's Secret Sharing Scheme aktuell, also im Sommer 2020, noch verhältnismäßig sicher. Das dürfte sich aufgrund steigender Rechenpower in den nächsten Jahren aber ändern.

FÜR GEEKS | SICHERHEIT BEIM POOR MAN'S SHAMIR'S SECRET SHARING SCHEME

Auf jeder Recovery-Karte sind 16 von insgesamt 24 Wörtern verzeichnet. Das bedeutet, dass einem Angreifer, der in den Besitz einer Karte gelangt ist, 8 Wörter zur kompletten Seed-Phrase fehlen. Wie in einer früheren Geek-Info gesehen, ist die Entropie das Bewertungskriterium für die Sicherheit deiner Passwörter. Gehen wir davon aus, dass die Seed-Phrase aus englischen Wörtern besteht. Das BIP-39 stellt 2048 Wörter zur Auswahl. Müsste ein Angreifer nun 8 Wörter durch Ausprobieren erraten, ergibt sich eine Entropie von $log_2(2048^8) \approx 88$, also eine 88-Bit-Entropie. (Diese Berechnungen sind leicht vereinfacht. In Wahrheit beträgt die Entropie etwa 80, weil ein Wort als Prüfsumme verwendet wird und dadurch wegfällt. Es würde für unsere Zwecke zu weit führen, an dieser Stelle auf das Konzept der Prüfsummen einzugehen.) Klar, die ursprüngliche Stärke (Entropie) einer komplett zu erratenden 24-Wörter-Seed-Phrase sinkt mit dieser Methode. Dennoch würden heutige Computer ziemlich lange brauchen, um die fehlenden 8 Wörter zu erraten. Aufgrund steigender Rechenleistung dürfte sich die Suchzeit in Zukunft allerdings deutlich verringern. Poor Man's Shamir's Secret Sharing Scheme funktioniert nur für Seed-Phrasen, die aus 24 Wörtern bestehen. Wären es lediglich 12 Wörter, müssten nicht mehr 8, sondern nur noch 4 erraten werden, was eindeutig zu wenig ist, um eine annehmbare Sicherheit zu gewährleisten.

Denke einfach, denke langfristig

Welche Lösung du auch immer für deinen Nachlassplan wählst, denke immer voraus und antizipiere künftige Entwicklungen. Bei verschlüsselten elektronischen Dateien sollte der Schutz so gewählt sein, dass er nicht schon in wenigen Jahren mühelos geknackt werden kann. Die Computerleistung nimmt stetig zu, erste Quantencomputer erlangen Marktreife. Mit einem Vielfachen an Leistung verglichen mit traditionellen Rechnern könnten sie gewisse heute als sicher geltende Verschlüsselungen eben doch knacken. Schlechtes Papier vergilbt mit der Zeit und wird spröde und brüchig. Billige Tinte verblasst, so dass man nach Jahren in einem Geheimversteck möglicherweise nichts mehr entziffern kann. In jedem dieser Fälle würden deine Erben leer ausgehen. Ebenfalls fatal kann es sein, das Handeln deiner Hinterbliebenen falsch einzuschätzen.

Es gibt viele Szenarien, die du durchdenken solltest. Vielleicht nicht alle zugleich, aber immer wieder. Gute Gelegenheit dazu hast du immer dann, wenn du deinen Nachlassplan aus dem Versteck holst, um ihn zu überprüfen und gegebenenfalls zu überarbeiten. Vieles kann schiefgehen, aber nach meiner Erfahrung geht es eher schief, wenn der Plan zu komplex und exotisch ausfällt. Zudem entwickelt sich die Branche sehr schnell. Täglich kommen neue Lösungen und Produkte auf den Markt. Viele dieser Entwicklungen werden vermutlich so schnell wieder verschwinden, wie sie aufgetaucht sind. Bleib trotzdem möglichst informiert und wachsam, damit du deinen Nachlassplan anpassen kannst, falls sich die Rahmenbedingungen eines Tages ändern sollten.

Selbst der sicherste Nachlassplan ist nicht komplett sicher, irgendetwas kann immer schiefgehen. Nach meiner Erfahrung ist die Wahrscheinlichkeit dafür jedoch höher, wenn der Plan zu komplex ist. Deshalb: Denke langfristig und verwende möglichst einfache Lösungen. Komplexität ist die Feindin der Sicherheit!

Rechtliches beachten

Auch wenn sich das Gerücht hartnäckig hält: Obwohl Bitcoins und andere Coins Bargeld gleichen, sind sie kein Schwarzgeld. Entsprechend werden sie in den meisten Ländern nach dem jeweils geltenden Steuerrecht versteuert. Für das Vererben gilt das jeweilige Erbrecht. Die meisten Länder kennen den sogenannten Pflichtteil, der die Mindestbeteiligung des Ehepartners und der Kinder am gesamten Nachlass regelt, sowie die Erbfolge, wer also erbt, wenn beispielsweise ein Single oder Witwer ohne Kinder stirbt. Wer darüber hinaus noch andere Personen als Erben einsetzen möchte, den nicht eingetragenen Lebenspartner beispielsweise, den besten Freund oder das Patenkind, sollte ein schriftliches Testament oder einen Erbvertrag erstellen. Im Testament kann auch festgehalten werden, welcher Erbe alle oder bestimmte Assets erhalten soll.

Gesetzliche Erben komplett vom Nachlass auszuschließen, ist nicht möglich. Aber der Spielraum ist je nach Familienstruktur und Vermögenssituation zugegebenermaßen ziemlich groß. Ein auf das Erbrecht deines Landes spezialisierter Anwalt berät dich gern. Bitcoinkenntnisse seinerseits sind natürlich von Vorteil, aber kein Muss, weil der Bitcoin von den meisten Gesetzgebungen einer der althergebrachten Vermögenskategorien zugeordnet wird. Klar ist auch, dass kein Erbe bestimmte Erbschaftsgegenstände beiseiteschaffen oder den Miterben verheimlichen darf. Im Fall von Krypto-Assets kann es für einen Erben, der die Seed-Phrase eines Wallets des Verstorbenen kennt, aber sehr verlockend sein, den Inhalt frühzeitig aufs eigene Wallet zu übertragen. Aufgrund der teilweisen Anonymität von Bitcointransaktionen ist es schwierig, einem Erben den Diebstahl nachzuweisen. Daher gilt es zu vermeiden, dass ein Erbe allein vor allen anderen in den Besitz deiner sensiblen Informationen gelangt.

Auf einen Blick

- Der minimale Nachlassplan ist eine Vertrauensperson, an die sich deine Erben bei Fragen oder Problemen wenden können.
- Erstelle deinen ersten Nachlassplan am besten mit Papier und Kugelschreiber. Für komplexe Konstrukte hast du später noch genug Zeit.
- Schütze deinen Plan vor Umwelteinflüssen und politischen Ereignissen. Meide elektronische Speichermedien.
- Verwahre Kopien an mindestens zwei sicheren Orten.
- Überprüfe deinen Nachlassplan laufend.
- Lege dieses Buch deinem Nachlassplan bei, um deinen Erben eine hilfreiche Lektüre für den Start zu hinterlassen.

Vorlagen, Ergänzungen und Empfehlungen zu Produkten sowie Links zu hilfreichen Tools.

KAPITEL

7

MUSTERABLÄUFE

Zum Schluss gebe ich dir praktische Anleitungen, wie deine Nachlassplanung konkret ablaufen kann. Dabei orientiere ich mich an den drei zentralen Fragen, die wir aus Kapitel 6 kennen: 1) Wie erstelle ich den Nachlassplan? 2) Wo verwahre ich ihn? 3) Wie und wann informiere ich meine Erben? Die Beispiele verstehe ich als Anregung. Du kannst sie beliebig kombinieren und deiner persönlichen Situation anpassen.

#1
Grundvariante

Du benötigst

✓ wasserdichtes und reißfestes Papier
✓ dokumentenechter Kugelschreiber
✓ 2 Sicherheitstaschen
✓ 2 feuerfeste Dokumententaschen
✓ Dokumentensafe
✓ Metall-Seed-Speicher samt Gravierwerkzeug (optional)
✓ Banksafe (optional)

Plan erstellen

Mithilfe meines Hilfstools erzeugst du einen Nachlassplan, druckst ihn mit einem Laserdrucker auf Spezialpapier aus und trägst die sensitiven Daten mit dokumentenechtem Kugelschreiber von Hand ein. Optional gravierst du die Seed-Phrase auf einen Metall-Seed-Speicher. Den Plan und den Metall-Seed-Speicher steckst du in eine Sicherheitstasche. Die Sicherheitstasche packst du in eine feuersichere Dokumententasche. Dein Plan ist nun versiegelt, vor Wasser und leichten Bränden geschützt. Falls du einen Metall-Seed-Speicher nutzt, ist die Seed-Phrase auch vor Großbränden sicher.

Informationen verwahren

Hinterlege je eine Kopie des Plans in einem Bankschließfach und in einem Safe oder anderen sicheren Versteck zu Hause. Für welche Aufbewahrungsorte du dich nun konkret entscheidest, achte darauf, dass sie unabhängig voneinander sind. Zwei vor äußeren Zugriffen sichere Verstecke zu Hause werden dir nicht helfen, wenn das Haus einem Brand zum Opfer fällt.

Erben informieren

Zeige und erkläre den Nachlassplan deinen Erben. Ihre Fragen können helfen, den Plan zu verbessern. Teile ihnen im Gespräch oder in einem Brief mit, wie sie im Todesfall an den Plan gelangen. Gib deinen Erben die Zugangscodes oder die Schlüssel zu den Safes. Nutze die Tipps, die ich in diesem Buch gebe, um sie sicher zu verwahren.

Optional

Um Kosten zu sparen, kannst du den Metall-Seed-Speicher auch weglassen. Falls du es tust, brauchst du zwei unabhängige Orte, die sicher vor Feuer sind. Ein Banksafe kostet pro Jahr rund 100 Euro. Möchtest du diese Kosten sparen, solltest du dir zwei Dokumentensafes anschaffen, was zumindest am Anfang noch mehr ins Geld geht.

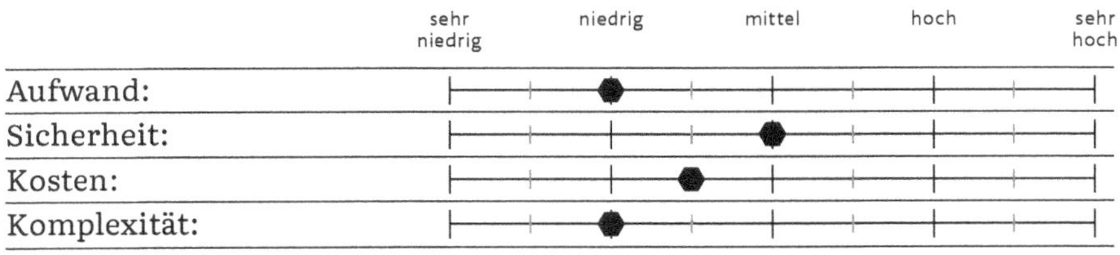

#2
Zusätzliche Sicherheitshürde

Du benötigst

✓ wasserdichtes und reißfestes Papier
✓ dokumentenechter Kugelschreiber
✓ 2 Sicherheitstaschen
✓ 2 feuerfeste Dokumententaschen
✓ Dokumentensafe
✓ Banksafe

Plan erstellen

Mithilfe meines Hilfstools erzeugst du einen Nachlassplan, druckst ihn mit einem Laserdrucker auf Spezialpapier aus und trägst die sensitiven Daten mit dokumentenechtem Kugelschreiber von Hand ein. Den Plan steckst du in eine Sicherheitstasche. Die Sicherheitstasche packst du dann in eine feuersichere Dokumententasche. Dein Plan ist nun versiegelt, vor Wasser und leichten Bränden geschützt.

Informationen verwahren

Für zu Hause sind im Fachhandel mittlerweile zahlreiche Safelösungen erhältlich. Wie sicher eine Ausführung ist, lässt sich nicht immer auf den ersten Blick abschätzen. Zwar helfen Tests und Vergleiche weiter, aber falls du nicht sicher bist, ob der Safe wirklich hält, was er verspricht, kannst du eine weitere Sicherheitshürde einbauen: Du beschaffst dir einen Dokumentensafe und hinterlässt auf sicher verwahrtem Papier nur den Hinweis auf den endgültigen Aufbewahrungsort deines Nachlassplans und dessen Kopie. Diese müssen sich an zwei absolut sicheren Orten befinden, die besser sind als dein Safe zu Hause, dem du nicht hundertprozentig vertraust. Dies kann ein Schließfach bei einer Bank oder bei einer vertrauenswürdigen Drittpartei, zum Beispiel einem Notar, Rechtsanwalt oder Testamentvollstrecker, sein.

Erben informieren

Diese Nachlassplanung macht nur Sinn, wenn du deinen Erben vorab nichts mitteilen und auch keine Drittperson oder -anbieter mit der Informationsübergabe betrauen willst. Du machst dir zunutze, dass ein Safe immer ein Anziehungspunkt ist. Nach deinem Ableben wird er aufgebrochen und überprüft. Wird der Safe von einem Dieb geöffnet, nützt ihm der kommentarlose Hinweis auf den sicheren Verwahrungsort wenig, weil er sich nun ebenfalls zu diesem Zugang verschaffen müsste. Du hast also eine zusätzliche Sicherheitshürde eingebaut und bist gleichzeitig gewarnt, wenn jemand deinen Safe geknackt hat. Du kannst dem Dieb zuvorkommen und deine Bitcoins in Sicherheit bringen.

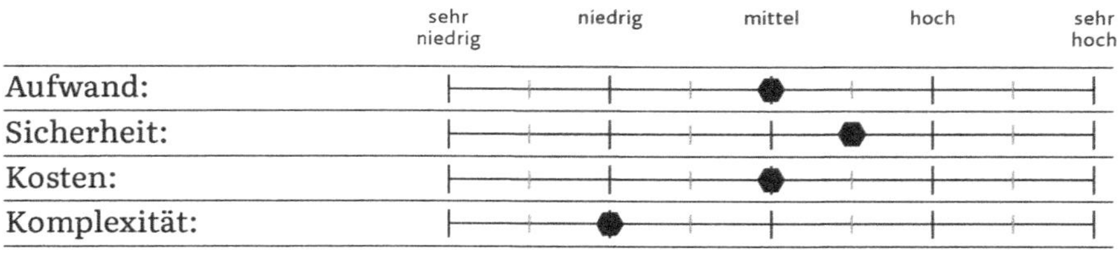

#3
Volldigital umgesetzt

Du benötigst

- ✓ 2 Computer, einer davon ganz neu, ohne jemals online gewesen zu sein
- ✓ Open-Source-Verschlüsselungstool
- ✓ 2 Speichermedien wie USB-Stick oder SD-Karte
- ✓ Sicherheitstasche
- ✓ Antistatik- oder Faraday-Tasche
- ✓ Dokumentensafe oder Banksafe
- ✓ Online-Informationstool
- ✓ Tails OS (optional)

Plan erstellen

Mithilfe meines Hilfstools erzeugst du einen Nachlassplan und lädst ihn herunter. Dieses Dokument überträgst du mit einem frischen USB-Stick oder einer SD-Karte auf einen zweiten, frischen Computer, mit dem du noch nie online warst. Du gibst jetzt die sensiblen Daten wie Seed-Phrase und Passwörter ein und verschlüsselst anschließend das Dokument mit einem Open-Source-Verschlüsselungstool. Das Verschlüsselungstool musst du zuvor genau wie deinen Nachlassplan mit einem Speichermedium vom Online-Computer auf den Offline-Computer übertragen. Achte auf ein sehr starkes Masterpasswort für die Verschlüsselung. Der Plan ist jetzt auf dem USB-Stick oder der SD-Karte verschlüsselt gespeichert. Das Speichermedium steckst du nun in eine Sicherheitstasche, die du dann in eine Antistatik-Verpackung oder Faraday-Tasche packst. So ist dein Nachlassplan versiegelt und vor Wasser und elektrostatischer Entladung geschützt. Weil sich Elektronik kaum vor Hitze schützen lässt, solltest du den verschlüsselten Nachlassplan auf mindestens zwei Speichermedien sichern. Anstelle des Offline-Computers kannst du auch das sichere Betriebssystem Tails OS verwenden (mehr dazu in Kapitel 5).

Informationen verwahren

Mindestens eine Kopie musst du an einem geschützten Ort wie einem Safe hinterlegen. Den zweiten USB-Stick oder SD-Karte kannst du im Prinzip ohne besondere Vorsichtsmaßnahmen zu Hause aufbewahren. Dein Nachlassplan ist gut verschlüsselt, ein Angreifer, der ihn findet, kann ihn nicht sofort vor Ort öffnen. Wenn du merkst, dass der USB-Stick oder die SD-Karte abhandengekommen ist, kannst du dem Dieb zuvorkommen und deine Bitcoins in Sicherheit bringen.

Erben informieren

Du nutzt den Service von Secure Safe und/oder FinalMessage, um deinen Erben Hinweise auf den Aufbewahrungsort der Speichermedien, das Masterpasswort zur Entschlüsselung, den Namen des von dir verwendeten Entschlüsselungstools sowie die Zugangsdaten zum Safe mitzuteilen. Du kannst deinen Erben aber auch alle Informationen vorab mitgeben – bis auf das Masterpasswort zur Entschlüsselung. Dieses würden sie nach deinem Ableben per Online-Service zugesandt bekommen. Achtung: Einerseits musst du dem ausgewählten Dienst vertrauen, andererseits solltest du dir zumindest bewusst sein, dass der Dienst vom Markt verschwinden kann. Wenn du auf Nummer sicher gehen willst, verwende voneinander unabhängige Dienste oder bewahre eine Sicherungskopie offline, beispielsweise im Heimsafe, auf.

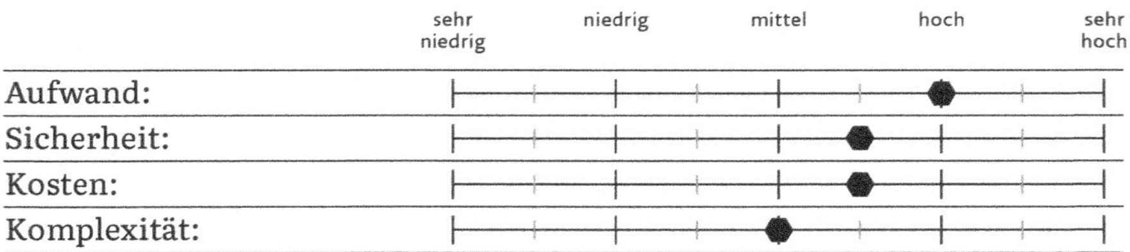

#4
Kombination mit einem Testament

Du benötigst

- ✓ wasserdichtes und reißfestes Papier
- ✓ dokumentenechter Kugelschreiber
- ✓ Sicherheitstasche
- ✓ feuerfeste Dokumententasche
- ✓ Testament
- ✓ Treuhänder oder Testamentsvollstrecker
- ✓ Dokumentensafe oder Banksafe

Plan erstellen

Mithilfe meines Hilfstools erzeugst du einen Nachlassplan, druckst ihn mit einem Laserdrucker auf Spezialpapier aus und trägst die sensitiven Daten mit dokumentenechtem Kugelschreiber von Hand ein. Den Plan steckst du in eine Sicherheitstasche. Die Sicherheitstasche packst du in eine feuersichere Dokumententasche. Dein Plan ist nun versiegelt, vor Wasser und leichten Bränden geschützt. Du erstellst zusätzlich ein offizielles Testament, in dem du wie gewohnt deinen «analogen» Nachlass regelst. Zudem schreibst du ins Testament den sicheren Verwahrungsort deines Nachlassplans oder die Zugangsdaten dazu auf – auf keinen Fall beides, weil unbefugte Drittparteien häufig Zugang zu Testamenten haben!

Informationen verwahren

Deinen Nachlassplan in Papierform hinterlegst du in zwei örtlich voneinander getrennten Safes. Das offizielle Testament hinterlegst du zusammen mit Teilinformationen deines Nachlassplans bei einem vertrauenswürdigen Treuhänder oder Testamentsvollstrecker. Wie oben gesehen, darf das Testament entweder den Aufbewahrungsort des Nachlassplans oder die Zugangsdaten zu diesem Ort enthalten, niemals beides, weil es sonst ein Leichtes wäre, deine Bitcoins zu stehlen.

Erben informieren

Der zweite Hinweis, der im Testament fehlt, muss auf einem anderen Weg zu deinen Erben gelangen. Dafür kannst du auf einen der im Buch vorgestellten Online-Dienste wie Secure Safe, FinalMessage oder Google Mail zurückgreifen. Achtung: Einerseits musst du dem ausgewählten Dienst vertrauen, andererseits solltest du dir zumindest bewusst sein, dass der Dienst vom Markt verschwinden kann. Wenn du auf Nummer sicher gehen willst, verwende voneinander unabhängige Dienste oder bewahre eine Sicherungskopie offline auf, beispielsweise im Heimsafe oder an einem anderen Ort, der nach deinem Ableben bestimmt gefunden, geöffnet und durchsucht wird. Die andere Möglichkeit ist, dass du diese Teilinformation deinen Erben schon zu Lebzeiten mitteilst, schriftlich, in einem Brief. Du solltest darauf achten, dass sie den Brief sicher verwahren.

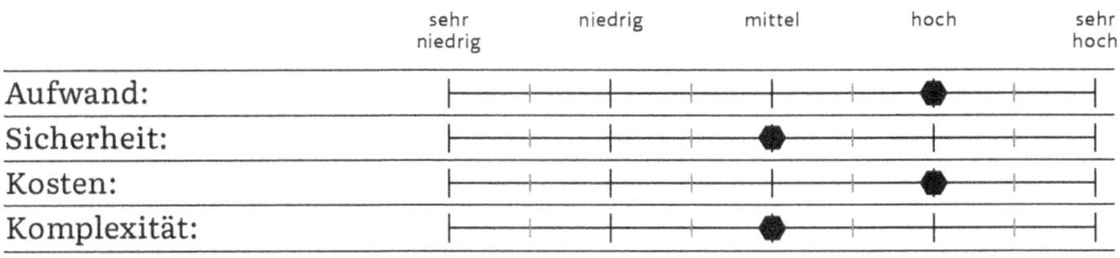

#5
Poor Man's Shamir's Secret Sharing Scheme

Du benötigst

✓ wasserdichtes und reißfestes Papier
✓ dokumentenechter Kugelschreiber
✓ 3 Sicherheitstaschen
✓ 3 feuerfeste Dokumententaschen

Plan erstellen

Diese Variante funktioniert nur, wenn du alle Assets auf einem einzigen Wallet konsolidiert und eine 24 Wörter lange Seed-Phrase erstellt hast. Diese kannst du auf drei Secrets aufteilen. Mithilfe meines Hilfstools erzeugst du einen Nachlassplan, druckst drei Kopien mit einem Laserdrucker auf Spezialpapier aus und trägst die sensitiven Daten mit dokumentenechtem Kugelschreiber von Hand ein. Unter Verwendung von Poor Man's Shamir's Secret Sharing Scheme, wie es in Kapitel 6 beschrieben wurde, teilst du die Seed-Phrase auf die drei Kopien deines Nachlassplans auf. Jeder Plan enthält nun einen Teil der Seed-Phrase. Jede Kopie steckst du in je eine Sicherheitstasche, die Sicherheitstasche packst du in eine feuersichere Dokumententasche. Dein Plan ist nun versiegelt, vor Wasser und leichten Bränden geschützt.

Informationen verwahren

Deinen Erben übergibst du nun je ein Paket, das den Nachlassplan und je ein Teilstück (Secret) der Seed-Phrase enthält. Du kannst die Pakete aber auch an drei verschiedenen Orten wie in einem Bankschließfach, Safe zu Hause und bei einer vertrauenswürdigen Drittperson, zum Beispiel einem Testamentsvollstrecker oder Notar, hinterlegen. Ein Angreifer, der dein Vermögen zu stehlen versucht, kann mit jedem Paket einzeln nichts anfangen, weshalb es nicht unbedingt in einem Safe hinterlegt werden muss. Natürlich dürfen die Erben ihr jeweiliges Paket trotzdem nicht verlieren.

Erben informieren

Sprich mit allen Erben, die ein Paket erhalten, und erkläre ihnen, wie sie gemeinsam das Poor Man's Shamir's Secret Sharing Scheme auflösen können. In meinem Hilfstool finden sich Hinweise und wichtige Information zu dieser Methode, die du den Erben zur Verfügung stellen kannst. Dabei musst du ihnen nicht unbedingt mitteilen, wer die anderen Teilstücke erhalten hat. Der Personenkreis darf aus Sicherheitsgründen bis zu deinem Ableben geheim bleiben. Wer weitere Teilstücke der Seed-Phrase besitzt, kannst du den Erben über das Testament, eine Liste im Safe, mithilfe eines Online-Dienstes wie Secure Safe oder FinalMessage oder durch eine zusätzliche Person deines Vertrauens mitteilen. Sei dir bewusst, dass die Sicherheit deiner Daten, wenn du Poor Man's Shamir's Secret Sharing Scheme verwendest, aufgrund steigender Computerleistung in absehbarer Zukunft deutlich abnehmen dürfte.

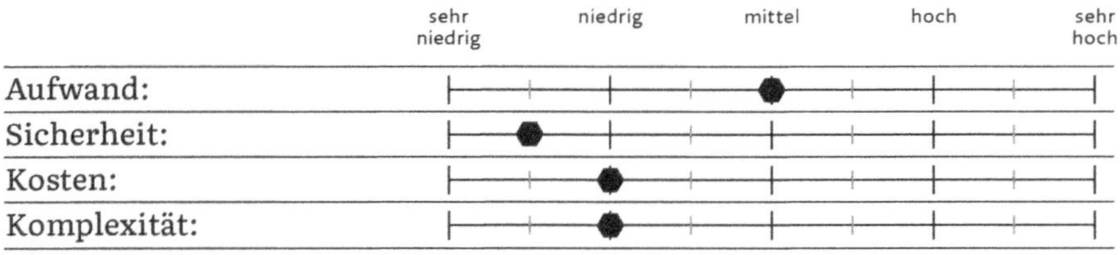

#6
«SLIP-0039» Shamir's Secret Sharing Scheme

Du benötigst

- ✓ Hardware-Wallet mit eingebauter Shamir-Funktion SLIP-0039 (zum Beispiel Trezor Model T)
- ✓ wasserdichtes und reißfestes Papier
- ✓ dokumentenechter Kugelschreiber
- ✓ mindestens 3 Sicherheitstaschen
- ✓ mindestens 3 feuerfeste Dokumententaschen

Plan erstellen

Diese Variante ist ausschließlich für fortgeschrittene Anwender geeignet und funktioniert nur, wenn du alle Assets auf einem einzigen Wallet konsolidiert und mindestens zwei Erben hast. Mithilfe meines Hilfstools erzeugst du einen Nachlassplan, druckst ihn mit einem Laserdrucker auf Spezialpapier aus – die Zahl der Ausdrucke entspricht dabei der Zahl der Secrets, die du anstrebst. Mit einem Hardware-Wallet, das den SLIP-0039-Standard (Shamir's-Secret-Sharing-Scheme-Backup) unterstützt, erstellst du gemäß Anleitung des Hardware-Wallets die einzelnen Secrets. Jeweils ein Secret überträgst du nun zusammen mit den restlichen sensitiven Daten mit einem dokumentenechten Kugelschreiber auf wasser- und reißfestes Papier. Dies machst du für alle Secrets und verteilst dann die einzelnen Pläne auf die Sicherheitstaschen.

Informationen verwahren

Der SLIP-0039-Standard setzt mindestens zwei Secrets voraus. Wenn du tatsächlich nur zwei Erben hast, empfehle ich dir trotzdem, ein drittes Secret als Backup zu erstellen, wie oben beschrieben abzusichern und an einem vor Umwelteinflüssen sicheren Ort zu hinterlegen, zum Beispiel in einem Banksafe oder bei einer Vertrauensperson. Erkläre deinen Erben, wie sie die Sicherheitstasche mit dem Nachlassplan sicher verwahren können.

Erben informieren

Sprich mit allen Erben, die ein Paket erhalten, und erkläre ihnen, wie sie gemeinsam das Shamir's Secret Sharing Scheme auflösen können. In meinem Hilfstool finden sich Hinweise und wichtige Information dazu, die du den Erben zur Verfügung stellen kannst. Dabei musst du ihnen nicht unbedingt mitteilen, wer die anderen Teilstücke erhalten hat, der Personenkreis kann aus Sicherheitsgründen bis zu deinem Ableben geheim bleiben. Du kannst Dienste wie Secure Safe oder FinalMessage oder eine vertrauenswürdige Drittperson nutzen, um nach deinem Ableben den Erben mitzuteilen, wer die anderen Secrets besitzt. Achtung: Falls du auf einen digitalen Dienst zurückgreifst, musst du einerseits dem ausgewählten Dienst vertrauen, andererseits solltest du dir zumindest bewusst sein, dass der Dienst vom Markt verschwinden kann. Wenn du auf Nummer sicher gehen willst, verwende voneinander unabhängige Dienste oder bewahre eine Sicherungskopie offline, beispielsweise im Heimsafe, auf.

	sehr niedrig	niedrig	mittel	hoch	sehr hoch
Aufwand:			●		
Sicherheit:				●	
Kosten:			●		
Komplexität:			●		

#7
«Digitales» Shamir's Secret Sharing Scheme

Du benötigst

- ✓ 2 Computer, einer davon ganz neu, ohne jemals online gewesen zu sein
- ✓ Open-Source-Verschlüsselungstool
- ✓ Offline-Shamir's-Secret-Sharing-Scheme-Tool
- ✓ mindestens 3 USB-Sticks oder SD-Karten
- ✓ mindestens 3 Sicherheitstaschen
- ✓ mindestens 3 Antistatik- oder Faraday-Taschen
- ✓ Tails OS (optional)

Plan erstellen

Diese Variante ist ausschließlich für fortgeschrittene Anwender geeignet und funktioniert nur, wenn du alle Assets auf einem einzigen Wallet konsolidiert und mindestens zwei Erben hast. Mithilfe meines Hilfstools erzeugst du einen Nachlassplan und lädst ihn herunter. Dieses Dokument überträgst du mit einem frischen USB- Stick oder einer SD-Karte auf einen zweiten, frischen Computer, mit dem du noch nie online warst (alternativ kannst du auch Tails OS nutzen). Du gibst jetzt die sensiblen Daten wie Seed-Phrase und Passwörter in den Nachlassplan ein und verschlüsselst anschließend das Dokument mit einem Open-Source-Verschlüsselungstool. Achte auf ein sehr starkes Masterpasswort für die Verschlüsselung. Das Verschlüsselungspasswort deines Plans teilst du nun mit SSSS in verschiedene Secrets auf dem Offline-Computer auf. Nun speicherst du jedes Secret einzeln und unverschlüsselt als Datei auf dem Speichermedium ab zusammen mit den wichtigsten Informationen zu SSSS, die du meiner Vorlage des Nachlassplans entnimmst. Sichere auch das verwendete Shamir- und Verschlüsselungstool auf dem Speichermedium. Damit haben deine Erben alles, was sie brauchen. Das Speichermedium steckst du in eine Sicherheitstasche, die du in eine Antistatik-Verpackung oder Faraday-Tasche packst. So ist dein Nachlassplan versiegelt und vor Wasser und elektrostatischer Entladung geschützt. Die Prozedur wiederholst du für jedes Secret, das du erstellt hast.

Informationen verwahren

Diese Methode setzt mindestens zwei Secrets voraus. Wenn du tatsächlich nur zwei Erben hast, empfehle ich dir trotzdem, ein drittes Secret als Backup zu erstellen, wie oben beschrieben abzusichern und an einem sicheren Ort zu hinterlegen, zum Beispiel einem Banksafe oder einer Vertrauensperson. Deine Erben können ihre Pakete ohne besondere Sicherheitsvorkehrungen bei sich aufbewahren. Schließlich ist der Nachlassplan gut verschlüsselt, vor Umwelteinflüssen geschützt und jedes Secret allein nutzlos.

Erben informieren

Um den USB-Stick zu entschlüsseln, muss eine vorgegebene Zahl der Secrets zusammenkommen. Nutze Dienste wie Secure Safe oder FinalMessage oder eine vertrauenswürdige Drittperson, um nach deinem Ableben den Erben mitzuteilen, wer die anderen Secrets besitzt. Achtung: Falls du auf einen digitalen Dienst zurückgreifst, musst du einerseits dem ausgewählten Dienst vertrauen, andererseits solltest du dir zumindest bewusst sein, dass der Dienst vom Markt verschwinden kann. Wenn du auf Nummer sicher gehen willst, verwende voneinander unabhängige Dienste oder bewahre eine Sicherungskopie offline, beispielsweise im Heimsafe, auf.

	sehr niedrig	niedrig	mittel	hoch	sehr hoch
Aufwand:					●
Sicherheit:					●
Kosten:				●	
Komplexität:					●

#8
Multisignatur mit Hardware-Wallet

Du benötigst

✓ 3 Hardware-Wallets, am besten von unterschiedlichen Herstellern
✓ Multisignatur-App
✓ wasserdichtes und reißfestes Papier
✓ dokumentenechter Kugelschreiber
✓ 3 Sicherheitstaschen
✓ 3 feuerfeste Dokumententaschen

Plan erstellen

Das Konzept ist ausschließlich für fortgeschrittene Anwender geeignet und funktioniert aktuell nur für den Bitcoin. Du lädst die Multisignatur-App herunter (z. B. Electrum-App) und besorgst dir drei verschiedene Hardware-Wallets von unterschiedlichen Herstellern. In der Electrum-App erstellst du ein 2-von-3-Multisignatur-Wallet mit den Hardware-Wallets als Schlüssel. Danach schickst du alle deine Bitcoins auf dieses Multisignatur-Wallet. Jetzt können die Bitcoins nur noch verschoben werden, wenn mindestens zwei Geräte die Transaktion signieren und freigeben. Mithilfe meines Hilfstools erzeugst du einen Nachlassplan, druckst drei Kopien mit einem Laserdrucker auf Spezialpapier aus und trägst die sensitiven Daten einschließlich der Seed-Phrase eines der Hardware-Wallets mit dokumentenechtem Kugelschreiber von Hand ein. Den Plan und das entsprechende Hardware-Wallet steckst du in eine Sicherheitstasche. Die Sicherheitstasche packst du dann in eine feuersichere Dokumententasche. Dein Plan ist nun versiegelt, vor Wasser und leichten Bränden geschützt. Du wiederholst das Prozedere für jede Kopie und jedes Hardware-Wallet. Die Geräte lassen sich, wie du weißt, nicht vor Feuer schützen. Falls sie nicht mehr funktionsfähig sein sollten, können die Erben die Seed-Phrase aus dem Plan nutzen, um das Wallet zum Beispiel mit neuer Hardware wiederherzustellen.

Informationen verwahren

Hinterlege die Pakete bei den drei Erben oder an drei verschiedenen Orten wie in einem Bankschließfach, einem Safe zu Hause und bei einer vertrauenswürdigen Drittperson, beispielsweise einem Testamentsvollstrecker.

Erben informieren

Nachdem du das Multisignatur-Wallet erstellt und die Hardware-Wallets versiegelt und verteilt hast, hast du keinen Zugriff mehr auf deine Bitcoins. Deshalb eignet sich diese Methode ausschließlich für Situationen, wenn du selbst nichts mehr mit deinen Bitcoins tun willst. Sprich mit allen Erben, die ein Paket erhalten, und erkläre ihnen, wie sie die Bitcoins aus dem gemeinsamen Wallet versenden können. Dabei musst du ihnen nicht unbedingt mitteilen, wer die anderen Pakete erhalten hat, der Personenkreis kann aus Sicherheitsgründen bis zu deinem Ableben geheim bleiben. Diese Information kannst du den Erben über das Testament, eine Liste im Safe, mithilfe eines Online-Dienstes wie FinalMessage oder durch eine zusätzliche Person deines Vertrauens zukommen lassen.

	sehr niedrig	niedrig	mittel	hoch	sehr hoch
Aufwand:					●
Sicherheit:					●
Kosten:				●	
Komplexität:					●

Empfohlene Hersteller

Falls du dich fragst, welche Produkte du zur Umsetzung deiner Nachlassplanung verwenden solltest, habe ich eine kleine Liste der Hersteller zusammengestellt, deren Produkte ich jeweils verwendet habe und die mich überzeugten. Weder erhebt sie einen Anspruch auf Vollständigkeit noch übernehme ich Gewähr für sie. Es handelt sich um persönliche, subjektive Empfehlungen:

- wasserdichtes und reißfestes Papier:
  Rite in the Rain
- dokumentenechter Kugelschreiber:
  Schneider Schreibgeräte
- Metall-Seed-Speicher:
  CryptoTag
- Sicherheitstasche:
  Litfax
- feuerfeste Dokumententasche:
  Pawaca
- Dokumentensafe:
  Kesser
- Faraday-Tasche:
  Mission Darkness

Schritt-für-Schritt-Anleitungen sowie weitere Musterabläufe.

Geschafft!

Du hast es geschafft, Glückwunsch! Du weißt nun, wie du deine Bitcoins sicher verwahren und klug vererben kannst. Wahrscheinlich bist du jetzt auch einen oder mehrere Schritte weiter auf dem Weg, deine eigene Bank zu sein. Die Branche entwickelt sich rasant: Nicht nur kommen ständig neue Assets auf den Markt, auch werden die technischen Lösungen und Möglichkeiten, diese sicher zu verwahren, jeden Tag mehr. Einerseits solltest du dich natürlich informieren, um über die Neuerungen im Bilde zu bleiben. Zugleich möchte ich dich an dieser Stelle aber auch ermuntern, dich nicht verrückt machen zu lassen von alldem, was du hörst. Gehe deinen Weg in deinem eigenen Tempo. Für die Nachlassplanung könnte das zum Beispiel heißen: Es ist besser, wenn du am Anfang einen nicht perfekten oder rudimentären Plan hast als gar keinen. Das Leben ist bestenfalls lang. Wenn du früh anfängst, hast du also genug Zeit, deinen Nachlassplan schrittweise zu verbessern, zu optimieren und an sich verändernde Lebensumstände anzupassen. Für die Umsetzung deiner ganz persönlichen Nachlassplanung wünsche ich dir viel Glück und Erfolg. Vielleicht wirst du es selbst nicht mehr erfahren, aber ich versichere dir, dass deine Erben deine Arbeit schätzen und dir dafür sehr dankbar sein werden. Was sie ihrerseits tun müssen, wenn sie deinen Nachlassplan erhalten, erfahren sie in der folgenden Anleitung für die Erben.

ANLEITUNG FÜR DIE ERBEN

Liebe Erben, die folgenden Seiten sind exklusiv für euch! In aller Kürze möchte ich euch die Möglichkeiten aufzeigen, die euch dank eurem digitalen Erbe offenstehen. Zum einen erkläre ich, was ihr tun müsst, wenn ihr die Bitcoins in herkömmliches Geld umwandeln wollt. Zum anderen zeige ich auf, wie ihr selbst zu versierten Bitcoin-Investoren werden könnt. Wie ihr gleich seht, ist das gar nicht so schwer.

Bitcoins verkaufen oder selbst verwalten

Ihr habt dieses Buch vermutlich vererbt bekommen oder es lag einem Nachlassplan bei. Aller Wahrscheinlichkeit nach bedeutet es, dass euch Krypto-Assets hinterlassen worden sind. Das sind digitale Vermögenswerte, die durch kryptografisch-mathematische Verfahren abgesichert sind. Der bekannteste solcher Vermögenswerte ist die Kryptowährung Bitcoin. In den folgenden Abschnitten werde ich euch grob erklären, was ihr nun zu tun habt. Wenn ihr euch in die Materie vertiefen oder die erhaltenen Bitcoins selber weitervererben wollt, empfehle ich euch, das ganze Buch zu lesen. Es funktioniert sowohl als praktischer Ratgeber als auch als Nachschlagewerk rund um das Thema Kryptonachlass.

Ich nehme an, dass ihr zusammen mit dem Buch ein Paket erhalten habt. Je nach Umsetzung des Nachlassplans können sich darin verschiedene Papiere, Metallplatten oder Elektronik wie USB-Sticks oder SD-Karten befinden. Diese Einzelteile braucht ihr, um Zugang zu euren kryptografischen Vermögenswerten zu erlangen. Werft bitte nichts weg! Unscheinbare Papiere mit sinnlos anmutenden Wortkolonnen darauf können wertvolle Hinweise enthalten – selbst wenn ihr es ihnen nicht anseht. Vorweggeschickt: Ihr habt keinen Zeitdruck, ihr müsst nicht auf der Stelle etwas unternehmen. Geht die Sache aber spätestens in den nächsten drei bis vier Wochen an und stellt sicher, dass die Informationen in der Zwischenzeit nicht offen herumliegen. Unbefugte könnten sie nämlich nutzen, um in den Besitz eures Vermögens zu gelangen.

Es ist denkbar, dass ihr erst Zugriff auf euer Erbe erhaltet, wenn eine bestimmte Anzahl Erben zusammenkommt und jeder seinen eigenen «Schlüssel» mitbringt. Ist das der Fall, solltet ihr Hinweise im Plan finden, die mit «Multisignatur» oder «Shamir's Secret Sharing» bezeichnet sind. Wenn ihr verstehen wollt, was das ist, lest die entsprechenden Abschnitte in Kapitel 6. Grundsätzlich funktioniert der Antritt eures Erbes ähnlich, wie ich es im Folgenden beschreibe. Der einzige Unterschied ist, dass kein

Erbe allein auf die Bitcoins zugreifen kann – es handelt sich hierbei um einen weiteren Sicherheitsmechanismus. Diese Methoden setzen etwas Technikgeschick voraus. Falls ihr euch damit unsicher fühlt, sprecht mit der im Nachlassplan angegebenen Vertrauensperson.

Sobald ihr Zugriff auf die euch vererbten Bitcoins habt, sind grundsätzlich zwei Szenarien denkbar: Entweder tauscht ihr das Erbe um in US-Dollar, Euro oder Schweizer Franken («Fiat-Geld» genannt) oder ihr behaltet eure Bitcoins und verwaltet sie fortan selbst. Bitcoins gleichen in vielerlei Hinsicht Bargeld: Falls ihr mehrere Erben seid, könnt ihr sie unter euch aufteilen, die einen können sie verkaufen, die anderen behalten. Entscheidet ihr euch für das Behalten, empfehle ich euch, beizeiten diesen praktischen Ratgeber zu lesen, um eure Assets sicher zu verwahren und irgendwann selbst zu vererben.

Wenn ihr eure Assets liquidieren, also in herkömmliches Geld umwandeln wollt, solltet ihr folgende Schritte ausführen:

1. Sortiert die erhaltenen Daten und breitet sie vor euch aus. Verschafft euch erstmal einen Überblick. Das Herzstück ist der Nachlassplan. Er enthält alle Passwörter, Zugangsdaten und Hinweise. Möglicherweise liegt ein Stück Metall mit 12 oder 24 eingravierten oder anderweitig «gesicherten» Wörtern bei. Die Wörter nennen sich «Seed-Phrase». Als Backup könnt ihr damit wichtige Daten wiederherstellen.

2. Greift auf die digitalen Brieftaschen (Wallets) zu, die im Nachlassplan erwähnt sind. Alle notwendigen Zugangsdaten und Informationen solltet ihr im Nachlassplan finden. Je nachdem wie der Nachlassplan umgesetzt wurde, sind die Wallets entweder auf einem kleinen Gerät namens Hardware-Wallet, einem Computer, Smartphone oder online im Internet zu finden. Möglicherweise müsst ihr die Wallets wiederherstellen. Dazu braucht ihr die zuvor erwähnte Seed-Phrase. Die entsprechenden Informationen findet ihr im Nachlassplan. Die Wallets enthalten die Schlüssel, die ihr braucht, um auf eure Bitcoins, die in einer «dezentralen» Blockchain gespeichert sind, zuzugreifen.

3. Da ihr nun Zugriff auf die Wallets und demnach auch auf die Bitcoins habt, solltet ihr jetzt eine passende Online-Börse (Exchange) aufsuchen. Bevor ihr eure Bitcoins und/oder andere Assets gegen Fiat-Geld verkaufen könnt, müsst ihr euch ein Konto einrichten. Nicht jede Kryptobörse handelt mit herkömmlichem Geld und nicht jede ist vertrauenswürdig. Informiert euch, bevor ihr fiesen Betrügern auf den Leim geht und euer Erbe weg ist.

4. Schickt als erstes nur einen kleinen Betrag vom Wallet zu der Exchange, um zu testen, ob die Transaktion korrekt ausgeführt wurde. Verkauft danach diesen Teil und lasst euch das Geld auf ein Bankkonto auszahlen. Wenn dieser Test erfolgreich verlaufen ist, könnt ihr alle eure Bitcoins liquidieren.

Wenn ihr die Bitcoins behalten wollt, braucht ihr im Prinzip nichts weiter zu tun. Falls ihr mehrere Erben seid und die Assets aufteilen wollt, muss jeder von euch ein eigenes Wallet installieren. Dann könnt ihr die Bitcoins aus dem vererbten Wallet an eure eigenen Wallets schicken.

Zum Schluss möchte ich euch noch folgende Tipps mit auf den Weg geben:

Tipp 1:
Tut nichts, was ihr nicht versteht. Die Bitcoinwelt ist bisweilen gnadenlos, ein einziger Fehler kann euch das gesamte Erbe kosten. Es gibt leider keine Hotline, die ihr um Hilfe bitten könnt, um beispielsweise eine falsch getätigte Transaktion rückgängig zu machen.

Tipp 2:
Bei Fragen solltet ihr euch unbedingt an die Person oder Personen wenden, die im Nachlassplan aufgelistet sind. Falls dort niemand steht oder ihr die Personen aus irgendeinem Grund nicht erreicht, könnt ihr euch selber Hilfe holen. Im sechsten Buchkapitel könnt ihr nachlesen, worauf ihr dabei achten müsst.

Tipp 3:
Teilt die Informationen aus dem Nachlassplan nur berechtigten Personen mit. Das sind in der Regel die Erbengemeinschaft und allenfalls noch die Vertrauenspersonen aus dem Plan.

Tipp 4:
Macht auf gar keinen Fall Fotos oder Kopien des Nachlassplans und gebt auch keine Daten im Internet ein. Besonders sensibel und unbedingt geheim zu halten sind folgende Daten: Seed-Phrase, Passwort, PIN und Passphrase. Wozu diese Daten gut sind, findet ihr in Kapitel 4 erklärt.

Tipp 5:
Für den juristischen Teil, einschließlich Steuern, wendet euch am besten an den Anwalt eures Vertrauens.

Antworten auf häufige Fragen (FAQ)

Wer sich eine Zeitlang intensiv mit der eigenen Nachlassplanung beschäftigt, stößt immer wieder auf die gleichen Fragen. Die häufigsten von ihnen möchte ich hier im Rahmen der FAQ (Frequently Asked Questions) beantworten.

Frage: Ab welchem Investment lohnt es sich, einen Nachlassplan zu erstellen?
Antwort: Ein Investment in Bitcoins und Kryptos ist nie zu gering, als dass sich ein Nachlassplan nicht lohnen würde. Die Preise von Kryptowährungen verändern sich rasch, mitunter gehen sie steil nach oben. Deshalb können auch vermeintlich kleine Investments sehr schnell sehr wertvoll werden. Also lieber auf Nummer sicher gehen und einen sauberen Nachlassplan aufsetzen.

Frage: Meine Erben handeln selbst mit Bitcoins. Brauche ich trotzdem einen Nachlassplan oder kann ich mich darauf verlassen, dass sie schon alles selber herausfinden?
Antwort: Die Kryptowelt ist ein undurchsichtiger Kaninchenbau voller Abzweigungen und Fallgruben. Nur weil jemand mit Bitcoins handelt, ist er noch lange kein Experte oder weiß, wie man ein Hardware-Wallet mithilfe der Seed-Phrase wiederherstellt. Sorge deshalb lieber mit einem gut durchdachten Nachlassplan vor.

Frage: Welche vertrauenswürdigen Drittparteien brauche ich, um Bitcoins zu vererben?
Antwort: Grundsätzlich hast du das Wissen und die Möglichkeiten, deine Bitcoins und deinen Nachlassplan komplett ohne Drittpersonen zu verwalten und zu gestalten. Verwendest du Wallets von Drittanbietern, musst du diesen wohl oder übel vertrauen. Viele Produkte sind aber immerhin Open Source und werden von der Community genauestens geprüft.

Frage: Brauche ich einen Anwalt, um meinen Kryptonachlass zu regeln?
Antwort: Erinnere dich an das Motto dieses Buches: «Sei deine eigene Bank». Aus technischer Sicht braucht man keine Drittpersonen, um Bitcoins zu verwalten – außer du möchtest dein offizielles Testament um deinen Nachlassplan ergänzen. Dann kann es Sinn machen, juristische Hilfe hinzuzuziehen.

Frage: Kann ich die Nachlassplanung auch mit einem Smart Contract umsetzen?
Antwort: Mir ist keine gut funktionierende Vererbungslösung per Smart Contract bekannt. Angesichts der komplexen Thematik von Smart Contracts, insbesondere im Bereich Sicherheit, rate ich zum jetzigen Zeitpunkt von solchen Lösungen ab.

Frage: Wie kann ich verhindern, dass Diebe meinen Nachlassplan finden und meine Bitcoins stehlen?
Antwort: Überlege dir, ob dein Haus Sicherheitsmängel aufweist und Einbruchschutzmechanismen benötigt, falls du deinen Plan zu Hause aufbewahrst. Auch solltest du die Verstecke überwachen, damit du sofort weißt, dass dein Plan gestohlen wurde. Dann musst du schnell handeln, deine Passwörter ändern und deine Bitcoins mittels der Kopien, die du von deinem Nachlassplan erstellt hast, in Sicherheit bringen. Du kannst sie zum Beispiel auf ein anderes Wallet transferieren und erneut absichern. 100-prozentige Sicherheit gibt es aber nicht.

Frage: Erhöhe ich die Sicherheit, indem ich die Seed-Phrase aufteile?
Antwort: Ja, die Seed-Phrase aufzuteilen ist eine einfache und effektive Variante. Sie ist aber nur zu empfehlen, wenn jeder Teil nach dem Split eine genügend starke Entropie hat (mindestens 8 Wörter, die nicht bekannt sind, siehe dazu die Ausführungen zum Poor Man's Shamir's Secret Sharing Scheme). Die Methode empfehle ich deshalb nur, wenn die Seed-Phrase 24 Wörter lang ist. Bevor du die Schere ansetzt, denke auch an die Kopien, die ebenfalls sicher aufbewahrt werden müssen. Bei einer Halbierung der Seed-Phrase bräuchtest du mindestens vier sichere Aufbewahrungsorte (zwei für die Originale und zwei für die Kopien). Möglicherweise wäre das Shamir's Secret Sharing Scheme hier die bessere Lösung.

Glossar

BIP: Bitcoin Improvement Proposal ist ein Design-Dokument und gleichzeitig der Standardweg, um neue Features und Informationen im Bitcoin-Protokoll einzubringen.

Bit: In der Informatik die kleinste Informationseinheit, mit der Computersysteme rechnen. Ein Bit ist entweder eine Null oder eine Eins.

Blockchain: Eine verteilte Datenstruktur oder Datenbank, die durch Kryptografie abgesichert ist und dadurch «Unveränderbarkeit» garantiert. Eine Blockchain ist grundsätzlich eine Variante der Distributed-Ledger-Technologie (DLT), der Bitcoin ist ihr erster und prominentester Anwendungsfall.

Brain-Wallet: Lernt man den privaten Schlüssel oder die Seed-Phrase eines HD-Wallets auswendig, wird das als Brain-Wallet bezeichnet. Die Zugänge zu den Bitcoins sind dann im Kopf «gespeichert».Die Methode gilt als sehr unsicher und fehleranfällig.

Coin und Token: Die beiden Begriffe werden oft synonym verwendet, obwohl es klare Unterschiede gibt. Ein Coin (Münze, Zahlungsmittel) nutzt seine eigene Blockchain-Plattform und ist nativ (natürlich) in diese eingebettet. Ein Token hingegen kann von jedem auf einer geeigneten Blockchain erstellt werden und auch andere Funktionen als die eines Zahlungsmittels haben.

Coinbase-Transaktion: Die allererste Transaktion in einem neu erstellten Bitcoin-Datenblock. Die Bitcoins, die auf diese Weise entstehen, sollen die Miner für ihre Aufwände bei der Erstellung des Blocks entschädigen. Dadurch werden neue Bitcoins ins System gebracht.

Cold Storage: Offline-Speicherung der Bitcoins, in der Regel durch selten bis nie ans Internet angeschlossene Hardware-Wallets.

Custodial-Wallet: Wallet, das von einer Drittpartei betrieben und kontrolliert wird. In den meisten Fällen überlässt man dabei die privaten Schlüssel der Drittpartei. Man muss ihr vertrauen. Betreiber von Custodial-Wallets sind mit herkömmlichen Banken vergleichbar.

Dezentralisierung: Ein Konzept, um Geräte, Daten oder Kopien auf mehrere Instanzen zu verteilen. Die einzelnen Verbindungen haben kein bestimmtes Schema, die Knoten sind untereinander mehrfach verbunden.

Digitale Währung: Elektronisches Geld, das nur in der digitalen Welt existiert und als Ersatz für physisches Geld (Banknoten und Münzen) dient. Meistens wird es von einer zentralen Stelle (Regierung, Zentralbank, Unternehmen) ausgegeben und elektronisch übermittelt. Kryptowährungen sind eine besondere Art von digitaler Währung.

Entropie: Ein Maß für den Informationsgehalt. Bei Passwörtern beschreibt sie die Güte, also die Sicherheit, eines Passworts oder einer Passphrase. Je höher die Entropie, desto sicherer ist ein Passwort.

Exchange: Online-Handelsbörse, um Bitcoins und andere Krypto-Assets zu kaufen oder zu verkaufen. Einige davon bieten die Möglichkeit, Bitcoins gegen US-Dollar, Euro oder Schweizer Franken zu tauschen. Andere lassen nur den Handel Kryptos gegen Kryptos zu.

Full Nodes: Mit einer Blockchain verbundene Computer, welche über die ganze Welt verteilt sind und von Freiwilligen betrieben werden. Diese Computer validieren die Transaktionen und Blöcke der Miner und kontrollieren, dass die Regeln des Netzwerkes eingehalten werden. Sie stellen den Konsens über die aktuellen Daten her.

Hash: Eine kryptografische Zeichenkette mit fixer Länge, die durch einen Algorithmus erstellt wird. Ein Hash-Algorithmus macht aus einem beliebigen Daten-Input eine Output-Zahl fixer Länge. Gleiche Inputs führen immer zum gleichen Output. Unterschiedliche Inputs dagegen, und mögen die Unterschiede noch so klein sein, führen zu anderen Hash-Outputs.

HD-Wallet: Grundbezeichnung für hierarchisch-deterministische Wallets, die verschiedene Coins, Tokens und Konten verwalten können. Von einem einzelnen Startpunkt, dem Seed, wird die 12 oder 24 Wörter lange Seed-Phrase abgeleitet, die als Backup des Wallets fungiert.

Hot Storage: Online-Speicherung der Bitcoins, in der Regel durch Software-Wallets auf dem Computer oder eine App auf dem Smartphone.

Metall-Seed-Speicher: Physisches Objekt aus Metall, in das man seine Seed-Phrase eingravieren oder mittels kleiner Buchstaben einschieben kann.

Mining: Prozess, bei dem neue Blöcke für eine Blockchain «geschürft» und neue Bitcoins erschaffen werden. Beim Bitcoin werden diese Blöcke in einer bestimmten zeitlichen Abfolge erstellt. Die Miner erhalten für ihre Berechnungen eine Belohnung in Form von neuen Bitcoins und der Transaktionskosten des jeweiligen Blocks. Das Mining schützt das Netzwerk vor Angriffen, weil es sehr teuer ist, vergangene Mining-Ergebnisse umzuschreiben.

Multisignatur (Multisig): Verfahren, bei dem eine bestimmte Anzahl Schlüssel zusammenkommen muss, um eine Transaktion zu ermöglichen.

Nonce: Eine Zufallszahl, die beim Miningprozess hinzugefügt wird, damit der Hash des Bitcoin-Blocks verändert werden kann, um einen spezifischen Hash zu erlangen.

Öffentlicher Schlüssel (Public Key): Im Kontext der Blockchain eine Zahl, deren Hash-Variante der Empfangsadresse für Bitcoins entspricht. Der öffentliche Schlüssel ist vergleichbar mit der IBAN eines Bankkontos.

Papier-Wallet (Paper Wallet): Ein Stück Papier, das die privaten und öffentlichen Schlüssel von Bitcoins enthält. Die einfachste und kostengünstigste Variante eines Wallets.

Passphrase: Eine Art zusätzliches Passwort aus Buchstaben, Zahlen, Sonderzeichen oder mehreren Wörtern, das Zugang zu einzelnen Sub-Wallets in einem HD-Wallet gewährt. Passphrasen ergänzen die Seed-Phrase, um eine höhere Sicherheit zu gewährleisten.

Privater Schlüssel (Private Key): Im Kontext der Blockchain eine geheime Zahl, mit der man seine Bitcoins kontrollieren und ausgeben kann. Der private Schlüssel muss auf jeden Fall geheim gehalten werden.

Proof of Work: Der bekannteste Konsens-Algorithmus, beim Bitcoin im Einsatz. Im Mining wird es verwendet, um durch Arbeitsnachweis neue Blöcke der Blockchain hinzuzufügen und neue Bitcoins zu kreieren.

Seed: Eine binäre Zufallszahl von 128 bis 512 Bit Länge. Startpunkt für die hierarchische Baumstruktur von HD-Wallets.

Seed-Phrase: Liste von Wörtern in einer bestimmten Reihenfolge, um ein HD-Wallet wiederherzustellen. Die 12 oder 24 Wörter werden von der Wallet-Software aus dem binären Seed erstellt, um diesen in einer für Menschen freundlichen Art beschreiben zu können. Gängige Synonyme sind: Recovery Sentence, Recovery Phrase, Mnemonic oder Seed Key.

Transaktion: Digitale Informationen eines bestimmten Protokolls. Bitcoin-Transaktionen zum Beispiel sind Nachrichten, die eindeutig definieren, welche Bitcoins von einem Nutzer zum anderen transferiert wurden und wer Zugriff auf sie hat.

Wallet: Digitale Brieftasche in Form einer Applikation, welche die privaten Schlüssel sichert und je nach Typ Transaktionen und Konten handhabt. Am ehesten mit einem digitalen Schlüsselbund vergleichbar, der Zugänge zu Bitcoins und Kryptos aufbewahrt.

2FA (2-Faktor-Authentifizierung): Sicheres Login-Verfahren, bei dem zwei unabhängige Merkmale gebraucht werden, um sich in ein System einzuklinken. Das können ein Passwort und ein temporärer Code sein. Letzterer wird von einer separaten App erstellt oder per SMS zugeschickt.

Stichwortverzeichnis

Quellenverzeichnis

Andreas Antonopoulos, «Introduction to the Internet of Money», https://www.youtube.com, Online: Dezember 2017, Zugriff: Juli 2019

Andreas Antonopoulos, «Wallet (ch05 in bitcoinbook)», https://github.com, Online: Oktober 2019, Zugriff: März 2020

Andreas Antonopoulos, Gavin Wood, «ethereumbook» https://github.com, Online: Dezember 2018, Zugriff: September 2019

Anita Posch, «Was ist ein Paper Wallet», https://anitaposch.com, Online, Zugriff: August 2019

Arnav Vohra, «Introducing Coinsafe», https://medium.com, Online: Dezember 2016, Zugriff: August 2019

Baunetz_Wissen_Brandschutz, Glossar «Einheitstemperaturzeitkurve» (ETK), https://www.baunetzwissen.de, Online, Zugriff: Dezember 2020

Bc-i, «Die innere Struktur der Krypto-Inventarliste (1.3)», https://steempeak.com, Online: Mai 2019, Zugriff: Dezember 2019

Binance Academy, «Was ist eine Multisig-Wallet?», https://www.binance.vision, Online, Zugriff: August 2019

Bitcoin.org, «Multisignatur zum Schutz vor Diebstahl», https://bitcoin.org, Online, Zugriff: August 2019

Bitcoin.org, «Loose-Key Wallets», https://bitcoin.org, Online, Zugriff: August 2019

Bitcoin-Wiki, «Original Bitcoin client»,
https://en.bitcoin.it, Online: August 2015, Zugriff: August 2019

Bitcoin-Wiki, «Deterministic wallet»,
https://en.bitcoin.it, Online: Februar 2019, Zugriff August 2019

Bitcoin-Wiki, «Hardware wallet»,
https://en.bitcoin.it, Online: August 2019, Zugriff: August 2019

Bitcoin Electrum, «Restoring your MultibitHD or Bread Wallet in Electrum», https://bitcoinelectrum.com, Online, Zugriff: Dezember 2019

BitDegree, «Token vs Coin: What's the Difference?»,
https://www.bitdegree.org, Online: Juli 2019, Zugriff: Juli 2019

BittBurger, «Genesis Block Newspaper»,
https://www.thetimes03jan2009.com, Online, Zugriff: Juli 2019

blockchainapps, «Store the ledger Nano S Recovery Phrase safe and redudant», https://steemit.com, Online, Zugriff: August 2019

Christopher Allen, «Smart Custody»,
https://www.smartcustody.com, Online: Juni 2019, Zugriff: Dezember 2019

Chris Palasz, «Understanding your Mnemonic Phrase»,
https://billfodl.com, Online, Zugriff: April 2020

Christoph Bergmann, «Simsalabim! So einfach wird eine Abfolge von Wörtern zum Backup von Geld»,
https://bitcoinblog.de, Online: Januar 2017, Zugriff: Juni 2019

Coldcard Blog, «Encrypted Backups»,
https://coldcardwallet.com, Online, Zugriff: Januar 2020

Coldbit, «BIP-39 basics. From randomness to mnemonic words»,
https://coldbit.com, Online: Mai 2019, Zugriff: August 2019

Doug Alexander, «Crypto CEO Dies Holding Only Passwords That Can Unlock Millions in Customer Coins», https://www.bloomberg.com, Online: Februar 2019, Zugriff: Juli 2019

Elizabeth Wrigth, «Custodial vs. Non-custodial Wallets», https://atomicwallet.io, Online: September 2019, Zugriff: Juli 2019

Eric Larcheveque, «Ledger 101 — Part 3: Best Practices When Using a Hardware Wallet», https://medium.com, Online: Januar 2019, Zugriff: August 2019

Ethereum Stack-Exchange, «Smart contracts, tokens and ether», https://ethereum.stackexchange.com, Online: Februar 2020, Zugriff: April 2020

Gary Rowe, «What is a deterministic wallet?», https://bitcoin.stackexchange.com, Online, Zugriff: August 2019

Gerichte Zürich, «Aufbewahrung von Testamenten und Erbverträgen», https://www.gerichte-zh.ch, Online, Zugriff: August 2019

Gregory Trubetskoy, «Blockchain Proof-of-Work Is a Decentralized Clock», https://grisha.org, Online: Januar 2018, Zugriff: Dezember 2019

Jameson Loop, «Metal Bitcoin Seed Storage Stress Test», https://blog.lopp.net, Online: Juli 2018, Zugriff: Dezember 2019

Joseph Young, «Round-Up of Crypto Exchange Hacks So Far in 2019 – How Can They Be Stopped?», https://cointelegraph.com, Online: Juni 2019, Zugriff: Juli 2019

keyMonkey, «seed-splitting Standards», https://medium.com, Online: März 2019, Zugriff: August 2019

Kraken Blog, «Security Advisory: Mobile Phones», https://blog.kraken.com, Online: November 2016, Zugriff: Dezember 2019

Nick Szabo, «Bit Gold», https://nakamotoinstitute.org, Online, Zugriff: September 2019

Paul Baran, «On Distributed Communications: Introduction To Distributed Communications Networks», https://www.rand.org, Online: 2006, Zugriff: Juli 2019

Pieter Wuille, «bip-0032.mediawiki», https://github.com, Online: Februar 2012, Zugriff: August 2019

Phil Geiger und Neil Woodfine, «Bitcoin: Multisig vs. Shamir's Secret Sharing Scheme», https://medium.com, Online: 2019, Zugriff: August 2019

Pamela Morgan, «Cryptoasset Inheritance Planning: A Simple Guide for Owners», Buch Merkle Bloom LLC, 2018, ISBN-10: 1947910116

Satoshi Nakamoto, «Bitcoin: A Peer-to-Peer Electronic Cash System», www.bitcoin.org, Online: November 2008, Zugriff: Juni 2019

SatoshiLabs, «Our Response to Ledger's #MITBitcoinExpo Findings», https://blog.trezor.io, Online: März 2019, Zugriff: August 2019

SatoshiLabs, «Passphrase — the Ultimate Protection for Your Accounts», https://blog.trezor.io, Online: Februar 2019, Zugriff: August 2019

SatoshiLabs, «Is your passphrase strong enough?», https://blog.trezor.io, Online: Juli 2019, Zugriff: August 2019

SatoshiLabs, «Dev Corner: A Detailed Guide to Shamir Backup», https://blog.trezor.io, Online: August 2019, Zugriff: September 2019

SatoshiLabs, «Test Your Seed Backup: Dry-Run Recovery», 30.4.2018, https://blog.trezor.io, Online: April 2018, Zugriff: Dezember 2019

Stacey Cowley, «Safe Deposit Boxes Aren't Safe», https://www.nytimes.com, Online: Juli 2019, Zugriff: August 2019

Stefan Konst, «Sichere Log-Dateien auf Grundlage kryptographisch verketteter Einträge», https://www.konst.de, Online: August 2000, Zugriff: Juli 2019

Trezor, «Passphrase», https://wiki.trezor.io, Online, Zugriff: August 2019

Vivekkothari, «Difference between Deterministic and Non-deterministic Algorithms», https://www.geeksforgeeks.org, Online, Zugriff: August 2019

Vlad Costea, «S4 E3: Lazy Ninja on Hacking Hardware», https://bitcoin-takeover.com, Podcast, Online: Dezember 2019, Zugriff: Dezember 2019

Wei Lu, «The Perks of Being an HD Wallet», https://weilu.github.io, Online: Juli 2014, Zugriff: August 2019

Wikipedia, «History of Bitcoin», https://en.wikipedia.org, Online, Zugriff: Juli 2019

Wikipedia, «Mnemonic», https://de.wikipedia.org, Online, Zugriff: August 2019

Über den Autor

Marc Steiner, Jahrgang 1983, hat in der Schweiz Elektrotechnik studiert und bei verschiedenen Technologieunternehmen als Researcher und Entwickler gearbeitet. Dabei hat er diverse Hard- und Software-Produkte mitentwickelt und gebaut. 2015 kam er erstmals mit dem Bitcoin in Berührung, der ihn seither nicht mehr losließ. Durch Bücher, Kurse, Videos und Podcasts stillte er seinen Wissensdurst in dem Bereich, bis er selber aktiv wurde. Als Certified Bitcoin Professional berät er seit 2016 Privatpersonen und Unternehmen im Umgang mit Bitcoin, dessen Verwahrung und Vererbung. Indem er komplexe Themen einfach und verständlich erklärt, möchte er weitere Menschen für den Bitcoin begeistern. Mit diesem Buch und dem dazugehörigen Hilfstool gibt er der Community etwas zurück.

- https://www.marcsteiner.tech
- https://twitter.com/_marcsteiner
- https://www.linkedin.com/in/marc-simon-steiner
- https://github.com/0xjacobb